用数据开公司：
流程、方法、案例一本通

张 杰 陈联勤 著

机械工业出版社

在万众创新创业的时代，创业成为一种热潮，很多人想要开办自己的公司，然而开公司对于初创者而言是一件非常烦琐的事。本书以创业者的视角，讲述创业者应该如何利用数据开公司，成功实现小微公司创业的目标。本书从零开始讲解如何开办一家自己的公司，内容包括注册公司、选择场地、人员招聘、人员培训、绩效管理、员工考核等方面。本书最大的特色是融入数据，把初创公司用到的数据融入进去，条理清晰地讲述如何利用数据开公司、管理公司，帮助读者现学现用，成为成功的创业者。

本书从实用的角度，加入大量图表、案例，突破了传统的写作模式，避免了文字的烦琐累赘，去粗取精，提炼出最核心、实用的精华。本书全方位地对创办公司的各个流程做了深入浅出的分析和讲解，对于创业者来说，这是一本对开办公司很实用的工具书。

图书在版编目（CIP）数据

用数据开公司：流程、方法、案例一本通 / 张杰，陈联勤著．—北京：机械工业出版社，2018.11

ISBN 978-7-111-61157-8

Ⅰ．①用…　Ⅱ．①张…　②陈…　Ⅲ．①公司－企业管理－数据管理　Ⅳ．①F276.6

中国版本图书馆 CIP 数据核字（2018）第 238420 号

机械工业出版社（北京市百万庄大街 22 号　邮政编码 100037）

策划编辑：丁　诚　　责任编辑：丁　诚

责任校对：张艳霞　　责任印制：张　博

三河市国英印务有限公司印刷

2019 年 1 月第 1 版·第 1 次印刷

169mm×239mm·11.5 印张·187 千字

0001—3000 册

标准书号：ISBN 978-7-111-61157-8

定价：39.00 元

前　言

在当今互联网+大数据时代，国家鼓励创新创业，并为创业者提供了各种创业补贴政策，帮助创业者实现成功创业。在这个背景下，创业的人也越来越多，如刚毕业的大学生、工作几年感觉工作不尽如人意的青年创业者等，他们都加入了创业大军。

创业的人越来越多，竞争也越来越激烈，如何在激烈的竞争环境中脱颖而出，掌握一定技巧是必需的。对于初创的小微公司而言，公司要想获得长远的发展，利用互联网和大数据是必不可少的方式。利用大数据，了解当前的市场环境，了解公司的发展状况，再根据大数据分析，及时发现经营的风险，及时做出相应的经营情况分析，调整公司的运营策略，带动公司整体健康发展。

在互联网+大数据时代，很少有公司能离开互联网和大数据的支持依然发展得很好，公司的健康发展离不开互联网，离不开大数据。

本书共9章，每一章都加入了大量的创业技巧及案例，读者读起来不会觉得枯燥。书中案例都是贴近生活的真实案例，可帮助读者更好地理解本书内容，真正做到拿来就用，掌握创业中的一些技巧。

本书的内容与结构：

第1章　0元能注册公司，该花的钱还得花。在培训时，我遇见很多的创业者，空有理想抱负，但很难付诸行动，即使付诸行动也干不好。有的创业者刚开始创业时，第一步注册公司就没做好，这导致创业的路走得更艰难。想要开公司，你首先就得知道怎么注册公司，怎么能用最少的钱注册一家公司。在这一章，笔者给大家分享了怎么注册一家公司，以及这个过程都会涉及哪些程序和费用。

第2章　场地费选择有门道，有多大能耐撑多大台面。这一章结合大量的案例，介绍了如何选择办公地址，在选择中都会遇到哪些问题，遇到这些问题该怎么应对。

第3章　做好这些招聘数据，简历收到手软。公司的发展还需要人才的支撑。这一章主要讲述了招聘人才时涉及的一些数据，掌握了这些数据，可以帮助公司招聘更高素质的人才。

第 4 章　不是努力不够，而是不懂投放数据。有的人认为："我已经很努力地在经营公司了，为什么公司的发展还是不尽如人意。到底是哪里出了问题呢？"在当今的时代，不是你足够努力，公司就能发展很好，你要学会适应当前的时代，利用大数据来掌控公司的发展。现在，很多公司也开始利用大数据做一些精准营销，如果你不懂怎么利用数据去投放广告，你的公司就无法跟别的公司竞争。

第 5 章　复制一个优秀公司，只需要这些培训数据。如何创立一家优秀的公司？公司的发展离不开人才，而人才的成长离不开培训。对公司员工的培训也是公司发展的重要策略。在培训时，只要你掌握各类数据，就能很容易地做好培训。

第 6 章　看表说话，不同层面的绩效数据表格。表格比文字更加清晰、直观，是反映公司绩效的重要方式。这一章给大家介绍了几种常见的绩效模板供大家参考。

第 7 章　再牛的业务数据，也逃不出一个漏斗。我们现在处在一个大数据的时代，各方面都离不开大数据的支持。尤其是对公司老板而言，业务数据更重要。只要有这些数据，再加上精准的分析，公司就可以准确地把握市场行情，从而调整方向，保障公司的健康发展。

第 8 章　三言两语，看财务数据。财务数据是公司的重要数据，可以反映出公司的经营状况，不管你是老板，还是员工，都要学会看财务数据表，这样才能帮助公司发展。这一章介绍了几种常见的财务数据，并给大家分享了常用的看财务数据的技巧。

第 9 章　一切的经营问题，终会指向现金流。现金流比利润更能反映公司的收益质量。在现实生活中，不少公司经常会遇到"有利润却无钱"的情况，因而就出现了公司"借钱缴纳所得税"的现象。根据权责发生制确定的利润指标在反映公司的收益方面确实容易导致一定的"水分"，而现金流恰恰弥补了权责发生制在这方面的不足。

本书的读者对象：

本书的读者对象为创新创业者、小微企业的老板和有创业想法的人。

目　　录

第1章 0元能注册公司，该花的钱还得花

在培训时，我遇见很多的创业者，空有理想抱负，但是却很难付诸行动，即使付诸行动也干不好。有的创业者在刚开始创业时，第一步注册公司就没做好，这导致创业的路走得更艰难。想要开公司，首先就得知道怎么注册公司，怎么用最少的钱注册一家公司。这一章将为读者介绍如何注册一家公司，以及在注册时有什么技巧。

1.1 注册公司都需要花哪些费用

自从国家实行注册资本认缴登记制以后，公司注册资本不再需要马上到位，注册者可以先以0元实缴注册公司。虽然实缴0元注册资本就能注册一家公司，但在注册公司的过程中，有些钱还是要花的。例如，为了节省时间，可以找代理公司代办注册公司，代办费是要花的，手续费也是要花的。下面给大家介绍一下注册公司需要的费用。

1.1.1 认缴制时代，实缴可为0元

什么是认缴制？认缴制就是公司发起人对其认缴出资额、出资方式、出资期限等自主约定，并记载于公司章程。例如，你认缴你的公司注册资本为100万元，但在实际注册的时候不需要拿出100万元去验资并打到公司账户。如果你约定的认缴期限是10年，那么，你只需要在这10年的有效期内把注册资本缴足就可以了。认缴制降低了创业的门槛，如果你没有很多资金，但是又想创业，这种制度对于你来说，真的是一件好事。

认缴制有以下四方面的好处：

（1）认缴制放宽了注册公司时的资本条件，取消了最低注册资本实缴的限制。这对于一些手里没有足够的资金但仍想创业的人来说，无疑是一件好事。同时，对于那些想要有高注册资本的创业者，也可以不用凑齐巨额注册资本就成为一家注册资本上百万甚至上千万元的公司老板。

（2）认缴制中的年报公示制度解放了公司年检，这样，对公司来说，不用每年年检都往工商部门跑了，既减轻了负担又节省了时间。同时工商部门还采用了信息公示制度，这样人人都可以通过网络在工商部门网站上查到公司的信息，这也大大加强了投资者对公司的信任。投资者在对公司投资时，在审核公司资质方面也更加方便。

（3）我们处在一个信息化的社会，认缴制实现了注册登记申请、年度报告电子化和无纸化。这样创业者在网上就能完成许多流程，省却了多次前往工商部门的时间。例如，网上申请、网上受理、网上审核、网上公示、网上发照等，大大减少了公司注册的时间及烦琐复杂的注册流程。

（4）认缴制还推动了公司信用体系的初步建立，信息网上公示后，人人都能看到公司的信息，公司负责人想要掩饰是不可能的事情。公司行为变得透明，一举一动都在市场的监督之下。

虽然注册公司不用实际缴纳那么多的资金，也可以不用一次性缴费，但在实际操作中，还是要往公司账户里打几万元钱用于一些开支的，不然税务方面会有些麻烦。这些资金你可以随意支配，但必须用于购置办公设备、生产设备及流动资金等公司运营方面，实际上还是0缴费。

在认缴制下，有的人会想："反正又不用实际拿出注册资本，那我多写点注册资本。"这种利用"空头支票"的想法一定要止住，注册资本说通俗点就是你愿意以多少资产来承担公司的责任。例如，某公司由于经营不善倒闭了，假如该公司的债务是150万元，公司的注册资本是100万元，这时公司应承担的债务是100万元，剩余的50万元债务则不需要公司承担；假如公司注册资本是200万元，那么这150万元的债务需要公司全部承担。所以，对创业者来说，并不是注册资本越高越好。

如果你为了面子，认缴了超出自身实际情况的巨额注册资本，虽然获得了面子，但是招来的却是不可承受的重担。随意设定超过自己承受范围的注册资本，实际上是把公司对外承担债务的责任范围也扩大了。

此外，如果你在有效期内没有缴清注册资本，公司就要被迫注销。当公司资不抵债、陷入破产偿债的风险时，你作为责任人必须在承诺认缴注册资本的范围内对给你提供资金贷款的人承担连带清偿责任。这样你就欠下了很多的债，这个局面也是你不想看到的。因此，虽然注册公司时可以 0 缴费，但是一定要在自己的承受范围内认缴注册资本。

例如，一个创业者小 A 在注册公司时，他和合伙人把公司的认缴注册资本定为 1000 万元，约定在 20 年内缴足，实际上注册时只缴纳了 10 万元。公司成立半年后，他们与天使投资人谈判，公司投后估值是 900 万元，投资人以溢价增资的方式投资了 300 万元，拥有了公司 30%的股权。如果按这样的比例来算，假设增加注册资本 X，则 $X/(X+1000)=30\%$，投资人在注册资本上体现的再增资额为 428.5714 万元。最后计算下来，投资人拟投资的金额比需要增加的注册资本还要少。

正是由于小 A 把注册资本定得太高，导致投资人根据估值得出的投资金额根本不能补足增资的额度，这样公司就很可能陷入债务风险。

理论上来说，只有把公司估值继续抬高，投资人的投资金额才可能等于或大于所增加注册资本的额度。但是，在现实中，这种情况是根本不可能出现的。小 A 在注册资本的设置上已经把"泡沫"吹起来了，在其进行公司融资时只能把水分挤掉，所以公司的估值是没有办法提高的。这样一来，虚高的注册资本就没办法吸引天使投资人的资金。小 A 的公司最终会破产。

所以，如果你想注册公司，在确定认缴注册资本的额度时一定要量力而行，要根据自己的现实资金能力和可预期的资金能力来确定，这样才能为公司未来的资本运作和经营减少压力。

1.1.2 不想跑断腿，找代理公司来负责

随着网络的发展以及国家对注册公司流程的优化，注册公司比之前便捷了很多，但仍然是一件比较复杂的事情。公司注册的流程包括企业核名→提交材料→领取执照→刻章，以上流程完成之后，公司就算注册成功了。但是，公司要想正式开始经营，还需要办理以下事项：银行开户→税务报到→申请税控和发票→社保开户。这些流程看起来简单，但对于那些不了解公司注册流程以及注册所需资料的人来说，可能就要跑断腿。因为注册公司每个步骤办理的地方都不同，而且需要提供的资料也不同，如果资料准备不齐全，即使到了相应的办理地点也办不成。

为了减少不必要的麻烦，有的创业者在想注册公司但又不知道怎么注册的情况下，会选择代理公司帮自己注册。不过，有些创业者由于不重视公司注册，只是随便选了一家代理公司，然后就什么都不管了，也没跟代办公司多沟通，导致自己走了很多冤枉路。当然，找代理公司注册公司并不是你什么都不用管了，你需要确认一些事宜，避免陷入一些陷阱，给自己找麻烦。

小李在注册公司时就遇到了"陷阱"。小李想注册一家公司，因为自己是外行，就打算找代理公司来注册。在网上查了查代理公司，随意选择了一家离自己比较近的代理公司。小李按照公司所留的地址去找，结果地址很是偏僻，小李费了好大力气才找到。到了公司以后，小李跟代理人说了一下他开公司的想法。当时代理人跟他承诺得特别好，小李当时瞬间看到了希望，被代理人的拍胸脯保证说服了。于是，小李就把注册公司的事交给了这家代理公司。

一切看似都很顺利，小李在成功注册公司后，发现自己的手机从来没有安静过，电话、短信从来没断过，是各种房地产推销、广告骚扰。最让小李讨厌的是，在创业初期，什么事都需要他自己亲力亲为，有时候他好不容易空闲了想打个盹，也被骚扰电话惊醒。

朋友跟他说："你不会屏蔽那些电话啊。"殊不知，这些电话都是网络电话，没有固定的电话号码，根本屏蔽不了。就算屏蔽了一个，还是会有其他号码打进来，电话骚扰让小李很是心烦，他想了想，肯定是电话号码泄露了，而这都是在注册公司之后才出现的，通过调查他发现，原来是代理公司泄露了他的个人信息。

代理公司有很多，你一定要谨慎选择，有的代理公司很负责任，而有的代理公司就没有那么负责任了，就像小李一样，遭遇了个人信息泄露的陷阱。所以，在选代理公司时，你需要提前了解以下注意事项（图1-1）：

1. 公司是不是正规

怎么知道这家公司是不是正规？你可以核实一下代理公司的营业执照以及资质证书等。如果你想选择某个代理公司，可以提前在工商局网站上查看一下该公司的营业执照和经营范围。一般正规代理公司的营业范围内都包含"公司登记代理"这一项，以此可查到其他关联的企业。

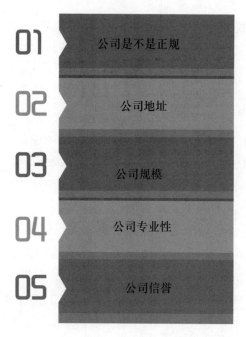

图 1-1　选代理公司的 5 大注意事项

　　除此之外，你还可以查一下该公司服务的客户有哪些。通过他们服务的客户来判断这家公司到底正不正规。总之，选择一家正规的代理公司是十分重要的，虽然前期注册时涉及的是注册地址和价格的区别，但是在后期，更重要的是保障和配套服务。

2．公司地址

　　正规的代理公司一般都会选择在写字楼办公，而且公司的办公地址一般都会选择在市区比较繁华的地方。你可以提前查一下你所选择的代理公司的地址，看看它是否在正规的写字楼或者市区。一般有一定规模、历史、专业的代理公司，都不会为了节省成本而把公司选在偏僻地段。

3．公司规模

　　公司规模也是选择代理公司的一个考量因素。规模较大的公司服务的客户相对较多，也更专业。例如，浙江的一家代理公司成立了十几年，在这家公司旗下有多家子公司。公司的业务也比较全面，如注册内外资公司、海外公司、香港公司、财务代理、商标注册、房地产经纪、投融资管理、人事代理等。这家公司的规模就比较大，服务的客户也超过 10000 多家，同时，它们也获得了良好的信誉。这家公司熟悉各部门行政法规及审批程序，拥有的团队也是一批有着专业代理资格的高素质员工。这类公司是可以选择的。

4．公司专业性

选择的代理公司到底专不专业，这一点必须考虑。只有专业，才能拿出专业的水准，帮你注册一流的公司。专业性这方面你可以从代理公司的宣传资料、网站内容、服务人员对公司注册信息的介绍等方面看出来。

5．公司信誉

作为一个新公司的老板或者创业者，你总希望自己能够找到费用低又服务好的代理公司。个别代理公司就利用这样的心理诉求投机取巧，只要你能想到的好处，都爽快地答应你，也不考虑事情的后果。等公司注册好了，你发现和它之前承诺的不一样，它根本就没有兑现承诺。这个时候，后悔也晚了。

所以，为了避免代理公司的"陷阱"，你一定要在了解代理公司的基本信息后再决定要不要选择这家代理公司。

1.1.3 代办费用该花的一定要花

有的创业者在找代理公司时，会选择费用比较低的代理公司。这样看似占了便宜，其实很有可能吃大亏。例如，公司营业执照拖了很长时间，代理公司才给办下来，耽误了开业时间；或者，因为代理公司招聘的员工不专业，让自己跑了很多冤枉路。所以，为了让公司注册顺利进行，该花的钱一定要花。

我有一位学员小 A 想要创业，准备注册一家公司。当时，他先在网上查了查，发现注册公司需要很多手续，还要跑很多地方办证。小 A 考虑到自己在注册公司方面是外行，也不想那么麻烦，于是，就打算找代理公司来帮助办理公司注册手续。由于自己手上没有那么多资金，小 A 就选择了一家费用低廉的代理公司。

小 A 到了代理公司以后，代理人很热情地招待小 A，与小 A 聊了聊注册公司的事，先向小 A 展示了公司过去服务的客户，接着跟小 A 谈了代理费用，最后代理人还给出了最好的承诺。小 A 一听，这家代理公司的代理费用相对来说还是很低的，而且公司又为那么多客户服务过，就感觉这家公司很靠谱，性价比很高。找到这样的代理公司，小 A 很是开心，感觉自己捡到了大便宜。

前期，小 A 的公司注册很顺利，但没多久，小 A 就发现公司已经被市场监督管理部门载入经营异常名录，原因是登记注册的场所无法联系。小 A 顿时傻眼了，找了专业的代理公司一问，才知道自己被骗了。由于公司被列入了经营异常名录，公司想要转让或者变更事项，都需要重新申请地址，这样一来，费用就更多了。小 A 后悔极了，意识到自己真不该图便宜。

正规的代理公司一般会收取以下费用（图 1-2）：

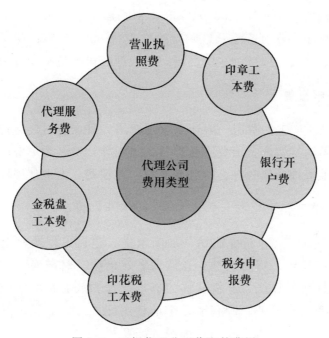

图 1-2　正规代理公司收取的费用

1．营业执照费

营业执照的费用受很多因素的影响。例如，营业执照有个体户开业登记和企业开业登记两种类型，类型不同，办理的费用也不同。同时，如果你在不同的地区办理执照，办理的费用也会不同。

2．印章工本费

注册公司时，每个正规的公司都会有自己的印章，因此，你也需要刻一个你们公司的印章，刻印章的费用一般代理公司是不会承担的，所以这是你需要花费的费用。

3．银行开户费

在注册公司时，必须开立银行基本户。对于开户所需的费用，各家银行的收费标准不一样，一般客户经理会让你选择需要哪些服务。例如，开户手续费一次性收 100 元左右；账户维护费差不多每年 400 元左右；网银每年花费 1000 元左右；电子回单柜每年花费 400 元左右；结算卡每年花费 500 元左右；短信提醒费用每年 200 元左右；密码器用于现场柜台支付及支票支付，一次性收费 100 元左右；U 盾一次性收费 60 元左右；除了这些，还有当地银行的其他服务项目，这些费用一般代理公司也是不会省去的。

4．税务申报费

税务申报所产生的费用一般计入管理费用。管理费用包括管理人员工资和福利、公司固定资产折旧费、修理费、技术转让费、无形资产和递延资产摊销费及其他管理费用（办公费、差旅费、劳保费、土地使用税等）。

5．印花税工本费

印花税是对书立、领受购销、加工承揽、建设工程勘察设计、建设工程承包、财产租赁、货物运输、仓储保管、借款、财产保险、技术合同或者具有合同性质的凭证、产权转移的书据、营业账簿、房屋产权证、工商营业执照、商标注册证、专利证、土地使用证、许可证照，以及经财政部确定征税的其他凭证所征收的一种税。印花税工本费也是注册公司时你应该缴纳的。

6．金税盘工本费

金税盘用来安装金税系统，国家利用覆盖全国税务机关的计算机网络监控增值税专用发票和企业增值税纳税状况。金税盘也需要公司自己购买，代理公司一般不会承担这项费用。

7．代理服务费

这项费用是每个公司都会有的费用，费用多少每个公司都不一样，在选择代理公司时，你可以对比一下，看看公司的性价比。

注册公司需要不少费用，有些费用是不能省的，正规的公司也会在收取费用时把相关的费用添加进去。选择代理公司，不要因为图便宜，而去选择一般的公司，要对比代理公司之间的差异，选择性价比高的公司。还有，注册公司时该花的费用一定要花。

1.2 注册公司时需要注意什么

很多人跟我说："我听别人说注册公司很麻烦，其中一项办得不顺利，就得花费很长的时间，实在是太烦琐了。"如果你也这么想的话，你是当不了老板的，毕竟开公司本身就是一件非常烦琐的事情。其实，注册公司并没有大家想的那么复杂，只要掌握了其中的技巧，注册公司还是很容易的，只有简单的几步而已。

1.2.1 注册公司只需这几步

有的创业者总觉得注册公司很麻烦，过程很烦琐，所以他们一般会选择代理公司。其实，自己去注册公司也很简单，只要你了解注册公司的流程，不用找代理公司，自己注册就可以。

在注册之前，你需要准备这些材料：申请注册公司的法定代表人和股东身份证原件、复印件；申请注册公司的名称，最好多想几个名称，避免有重名时，一时想不到其他替代名称而影响注册的进程；房产证复印件或者带印花税票的租房合同；申请注册公司的经营范围，即你开公司打算经营哪些业务；申请注册公司的股东投资比例；申请注册公司的法定代表人联系电话。

准备好材料之后，你就可以去申请注册公司了，注册公司一般有以下几个步骤（图 1-3）：

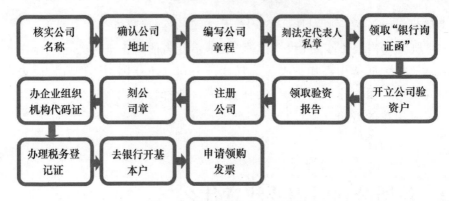

图 1-3　申请注册公司的步骤

1．核实公司名称

你需要到工商局领取一张"企业（字号）名称预先核准申请表"，填上之前准备好的公司名称。工商局会在网上检索你的公司名称是否有重名的情况，如果没有重名，你就可以使用这个名称。如果重名了，你需要选择备用名称，直到没有重名为止。然后，工商局就会发给你一张"企业（字号）名称预先核准通知书"（核名通知），你填好就可以了。这一步也是需要手续费的，具体手续费是多少，每个地区都会有差别。

2．确认公司地址

如果你还没有办公室，就需要去租一间办公室。有的地方不允许在居民楼里办公，这时，你就需要去专门的写字楼里租一间办公室。租房后你需要签订租房合同，然后让房东给你提供房产证的复印件。

租房合同签好之后，你要到税务局去买印花税票，一般来说，印花税票需要按年租金的千分之一的税率购买。例如，你一年的房租是 3 万元，那么你就要买 30 元钱的印花税票。印花税票要贴在租房合同的首页，后续程序中凡是用到租房合同的地方，都需要贴了印花税票的合同复印件，没有贴印花税票的合同工商局不认。

3．编写公司章程

同类型的公司章程内容基本上是差不多的。如果你不知道怎么写，可以在工商局网站下载"公司章程"的样本，稍作修改就可以了。这一环节中需要注意的是，在章程的最后签名的问题。如果是一个人注册公司，你就签自己的名字就可以了。如果你还有合伙人，则合伙人也需要签名。

4．刻法定代表人私章

公司印章具有一定的法律效力。注册公司在成为银行客户时会用到法定代表人私章，所以说，法定代表人私章必须要刻。法定代表人私章是方形的，刻章的地方一般都知道。

5．领取"银行询证函"

"银行询证函"需要到会计师事务所去领取，领取的"银行询证函"必须是盖有会计师事务所公章的原件。你需要按"银行询证函"的项目逐一填写，填写完后及时回复会计师事务所。领取"银行询证函"也是要向会计师事务所支付一定费用的。

6．开立公司验资户

开立公司验资户需要去银行。注册公司需要验资，也就是说，你需要向你的银行开户行（验资户）存入一笔资金，存入后会有专业的会计师事务所对你所存入的资金情况进行检查，然后才会给你发验资报告。

你和公司的合伙人带上自己入股的那一部分钱到银行，同时还要带上公司章程、工商局发的核名通知、法定代表人的私章、身份证、用于验资的钱、空白询证函表格，到银行去开立公司账户。开立好公司账户后，公司的每个合伙人会按自己的出资额向公司账户中存入相应的资金。银行会发给每个合伙人一张缴款单，并在询证函上盖银行的章。

7．领取验资报告

你需要拿着银行出具的股东缴款单、银行盖章后的询证函、公司章程、核名通知、租房合同、房产证复印件，到会计师事务所领取验资报告。这一项费用跟你的注册资本有关。一般注册资本在 50 万元以下的费用差不多500 元左右。

8．注册公司

你要到工商局领取公司注册登记的各种表格，包括注册登记申请表、发起人名单、董事经理监理情况表、法定代表人登记表、指定代表或委托代理人登记表等。填好各种表格后，你需要连同核名通知、公司章程、租房合同、房产证复印件、验资报告一起交给工商局。差不多 3 个工作日后，你就可以去领取营业执照了。这一项也是需要花费一定费用的。

9. 刻公司章

你需要凭公司的营业执照，到公安局指定的刻章场所，刻公司的公章、合同章、财务章、发票章等。一个公司注册下来，都会有 3～5 个印章，每一个印章的作用都不同。在后续过程中，是需要用到公章或财务章的。

10. 办企业组织机构代码证

你需要带着营业执照副本的原件及复印件、身份证、公司公章到技术监督局去领取一张组织机构代码证申请表，填完以后，缴纳一定的费用，一段时间后就可以去领取组织机构代码证了。具体多长时间去领取，技术监督局的工作人员会告知你。一般来说，技术监督局会先发一个预先受理代码证明文件，凭这个文件就可以办理其他手续了。

11. 办理税务登记证

你需要带着公司营业执照正本和副本的原件及复印件、你的身份证原件及复印件、组织机构代码证、公司章程、验资报告、租房合同、房产证复印件到税务局办理税务登记证。

你需要填写税务登记申请表，并缴纳登记证工本费。一般在领取营业执照的一个月内就需要去税务局办理税务登记证。

需要注意的是，税务局要求提交的资料中有一项是会计资格证和身份证。你可以先请一个兼职会计，小公司刚开始请的兼职会计一般一个月 200元工资就可以了。

12. 去银行开基本户

去银行开基本户需要用到公司营业执照正本和副本、公司组织机构代码证正本和副本、税务登记证正本和副本、你的身份证原件、房屋租赁合同和机打发票、公司公章、财务章、法定代表人私章、公司合伙人身份证复印件、公司章程，去银行开基本户。要求为原件的，最好再复印 3 份以上复印件，以备不时之需。

除了这些材料，你在现场还需要填写开户申请书、银行结算账户管理协议等材料。一般这些文件不允许涂改，所以，在填写时一定要仔细。

填好这些材料后银行工作人员通常会问你："是否需要办理企业网银？是否需要支付密码器？是否需要电子回单柜？"网银我觉得是必需的，以后给员工发工资、报销都需要用到网银。支付密码器是用来生成支票密码的，可以共用，如果你已经有一个可以共用，那么不买也可以。如果没有，则需要买一个。电子回单柜可以根据公司的实际情况来定。支付一定的费用后，大概 7 个工作日，公司的基本户就开好了。

13. 申请领购发票

在领取税务登记证后，你需要向主管税务机关申请领购发票。在申请领购发票时，需要带着税务登记证副本、你的身份证原件及复印件、财务专用章及发票专用章印模。

完成这些步骤之后，公司就可以试营业了。注册一家公司虽然步骤很烦琐，但只要按照步骤一步一步执行，并在每个环节带好需要的证件，就可以很顺利地注册一家公司。

1.2.2　代理记账公司怎么选

作为刚成立的公司，往往不具备配备专职会计的条件。这时，就需要将公司的会计核算、记账、报税等一系列工作委托给专业的记账公司完成。在公司里，你只需要一名出纳人员负责日常货币收支和财产保管等业务就可以了。

小林在三个月前刚成立一家公司，由于公司一直没有会计，只有一个出纳。很多财务事宜都是自己亲自操办的。小林觉得聘用一位会计应该会比较省钱，于是就招聘了会计小王。

小王在大学毕业后当过一段时间的会计，有一定的工作经验，这也是小林招聘小王的原因。小王进入小林的公司后，负责公司的收支填报审核，并保管公司的各种印章。

小王通过管账，看出公司的经营状况很好，小王还跟她的男朋友小李说过这件事。小李正好做生意需要用钱，便向小王表示："你们公司的钱都在你这儿保管，这些钱放在账户里面闲着也是闲着，还不如借给我做生意。"小王当然知道这不仅违反公司纪律，还涉嫌犯罪，所以很犹豫。

但小李再三承诺，"一个月的时间，我一定还上。你们公司的流水这么多，没人会发现这点钱的。"小王利用自己的职务之便，偷偷挪用了公司的10万元，并且把账做得很好，公司的出纳也没有发现。一个星期过去了，老板小林突然想看看公司的收支情况，在这个过程中，小林明显感觉不对劲，公司的收益好像少了一些。询问小王，小王刚开始说自己并不清楚，奈何自己良心不安，还是向小林坦白了挪用公司公款的事。

小林很生气，尽管小王主动坦白了，还是把小王开除了。而小李欠的钱根本就没有办法还上，给公司带来了一定的损失。小林事后反思，觉得自己招会计不仅没省钱，还给公司带来了麻烦。于是，小林没有聘请新的会计，而是选择代理记账公司帮助打理公司的财务，之后，再也没有出现会计私自挪用公款的事。

这个案例不是说每个人自己招的会计都不靠谱，而是要谨慎选择。如果你不知道怎么选择负责任的会计，那么相对来说，还是找代理记账公司比较合适。采用代理记账的方式有以下3个好处（图1-4）：

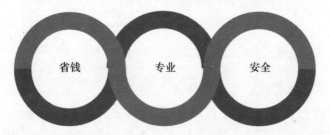

图1-4　采用代理记账的好处

1. 省钱

这是最直接和最明显的好处，代理公司每个月收取的费用要比你请一名专业会计的费用少得多。

2. 专业

我见过很多自己记账的公司因违反财税法规而被罚款的情况。而代理记账公司基本上都对财税法规有更深入细致的了解，而且这里的工作人员都是经验丰富的资深会计。

3. 安全

你自己招会计，如果用人不当、监管不严，则财务人员很容易出现徇私舞弊的情况。选择代理记账公司则可以通过代理合同来保护你的合法权益，避免徇私舞弊现象的发生。

代理记账公司有很多，那么，怎么选择合适的代理记账公司呢？你可以从以下3个方面来考虑（图1-5）：

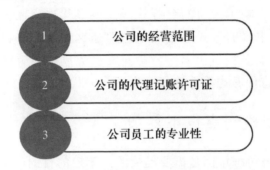

1	公司的经营范围
2	公司的代理记账许可证
3	公司员工的专业性

图1-5 选择代理记账公司的注意事项

（1）公司的经营范围。查看经营范围，主要是为了看看这个公司是不是具备代理记账资格。代理记账业务都需要许可证。但有的公司没有许可证，于是打擦边球。例如，用"财税咨询""税务咨询"等字眼作为经营项目来误导客户。如果该公司没有"代理记账"的经营项目，但又从事代理记账的业务，则一般来说，属于超范围经营，该公司并不具备经营的资格。这种公司，你最好不要选择。

（2）公司的代理记账许可证。根据代理记账管理法规，从事代理记账业务的公司，应当经所在地的县级以上人民政府财政部门批准，并领取由财政部统一印发的代理记账许可证书才能从事代理记账业务。

（3）公司员工的专业性。对于有经营许可证的公司想要知道其专业性，则需要看该公司员工是不是专业。判定代理记账公司是否专业最简单的方法是看员工是否有会计证。一般来说，不具备会计从业资格的人员，不能从事会计工作，在业务上也是不专业的。有的代理记账公司为了降低公司的成本，让大量的实习生为客户提供记账服务。实习生一方面缺乏经验，另一方面流动性比较大，他们可能刚熟悉你公司的业务就离开了。这种情况对于你来说也是会带来损失的。

选择好代理记账公司以后，也不要以为自己就可以当甩手掌柜了。代理记账公司确实能帮助自己管理公司的账目，减轻自己的负担。但很多时候在账目管理上你需要向代理记账公司提供单据、账本等，需要和代理记账公司配合，做好沟通才行。如果你想了解关于记账的一些情况，以及公司的经营状况，你就可以配合代理记账公司一起调整申报，帮助公司在合理合法的范围内节税避税。

虽然你选择代理记账，大部分的原因是想节省公司的成本，但是不要一味地追求低廉而影响了公司的财务管理。很多代理记账公司，虽然收费很低，通过长期零申报的方式节省成本，但是这对于你来说，并不是一件好事，长期的零申报很容易让你的公司面临税务风险或者稽查。所以在选择时，一定要从多方面考虑后再选择一家适合的代理记账公司。

1.2.3 公司年检一点也不复杂

按照规定，公司每年都是需要年检的。年检的目的就是确认你的公司是不是具有继续经营的资格。公司年检一般在每年的 3 月 1 日～6 月 30 日，所以，你应该在 3 月 15 日前向登记主管机关送报年检材料。按照国家规定，公司的年检也是需要交一定费用的。一般你需要交 50 元的年检费，还需要向当地工商局缴纳会费，会费具体是多少每个地区都不太一样。

公司年检主要检查公司登记事项的执行和变动情况；股东或者出资人的出资或提供合作条件的情况；公司对外投资情况；公司设立分支机构情况；公司生产经营情况。如果其中的某项没有过关，那么公司就可能面临被注销的风险。

有很多人不知道年检该走什么程序。在年检时，你需要向当地工商部门申领、报送年检报告书和其他有关材料，然后工商部门受理审核年检材料；在审核之后，你需要交纳年检费；交完费之后，工商部门加贴年检标识和加盖年检戳记；工商部门发还公司营业执照。

还有很多公司的老板去工商部门年检，以为带着营业执照和自己的身份证去就行了。结果，到了才发现带的证件远远不够，浪费了很多不必要的时间。

在申报年检时，因为是刚成立的公司，所以你需要准备以下材料：营业执照副本复印件，加盖公章；法定代表人身份证复印件，加盖公章；开户银行许可证复印件，加盖公章；银行对账单（开业至今）复印件，加盖公章；验资报告复印件，加盖公章以及骑缝章；公司章程复印件，加盖公章以及骑缝章；租房合同复印件，加盖公章以及骑缝章（此协议中租房人必须为公司名称）；所租房屋房产证复印件，加盖公章以及骑缝章（写字楼：此房产证复印件以及盖章，私房：房产证原件以及购房合同）；税务登记证原件以及复印件；营业执照副本原件；财务章；合同章；公章；公司资料（具体包括联系地址、邮编、固定电话、法人及联系人手机）；年检申请报告书（在工商局官网生成后打印即可）；上一年度资产负债表（财务提交）；上一年度利润表（财务提交）。

刘老板带齐所有资料去年检了，但年检没有通过，还对刘老板做出了相应惩罚。刘老板觉得很冤，也很纳闷为什么没有通过年检。一般出现以下情况时，公司在年检时就不会通过：

（1）与上年度的年检报表无法对应。

（2）有抽逃注册资金的嫌疑。

（3）有明显的工商违法行为嫌疑。

（4）上报材料不齐全。

刘老板的公司没有通过年检是因为他的公司实收资本是 100 万元，但注册资本是 1000 万元，差得很多，所以就没有通过年检。

在年检时，你需要注意的是应该按照工商部门指定的年检月份参加年检，不能提前去年检，也不能超过年检期限去年检。超过期限的话，工商部门将按有关法律、法规给予公司一定的处罚。

在办理年检时，应该提交营业执照正、副本，年检报告书、工商企业卡、会计师事务所出具的年检查账报告或审计报告、资产负债表和利润表，少任何一项都没办法年检。

在办理年检时，所提交的文件或材料必须整洁，不得涂抹、删改，应当使用钢笔或签字笔填写表格或签字，不得使用圆珠笔。用纸规格必须为 16 开纸。年检报告书上法定代表人应签字。

如果你的公司有幸被评为"重合同、守信用单位"，那么，你可以凭市政府颁发的证书，只提供资产负债表、利润表就能办理年检了。

一般情况下，工商部门会把通过年检的公司分为 A、B 两级。A 级为遵守工商行政管理法规情况良好的；B 级为有违反工商行政管理法规行为的。

B 级公司不得办理增设分支机构和增加经营范围的变更登记，不得投资设立有限责任公司或股份有限公司。公司未参加年检不得继续从事经营活动。

在办理年检时，如果你想变更公司信息，如公司地址、法定代表人等，也要同时办理相关信息的变更登记。

1.2.4　税控机怎么申请

在你注册完公司后，需要到指定场所申请税控机。这样，才能在以后的经营活动中给客户开发票。当然，你去税务局申请税控机不是免费的，也需要交纳一定的费用。具体的费用金额，每个地区不一样，你需要按照公司当地的税控机收费标准来交费。

正规的公司都需要缴税，税控机主要的作用是防伪，它是内部装有自动记录但不能更改和抹掉的计税存储器，记录着每日的营业数据和应纳税额，是向纳税机关纳税的凭据，税控机记录的数据不能修改。

税控机一般是联网的，信息直接上传至税务终端，可以有效防止作假，同时便于纳税申报、税收管理和检查等；另外，税控机同时也是一台功能完善的商业收款机，不仅可方便纳税人报税，还可帮助纳税人实现单品管理、降低经营成本、避免营业员舞弊损耗。

有的新公司老板以为税控机就是一台机器，直接在网上买一个就行了，不明白为什么还需要申请。税控机虽然是一台机器，但是无法自由买卖，你需要按照国家规定的相关流程去申请，才能获取税控机。在申请税控机时，需要准备好以下材料：

（1）公司营业执照复印件。

（2）税务登记证复印件。

（3）组织机构代码证复印件。

（4）法定代表人身份证。

（5）法定代表人私章。

（6）财务专用章。

（7）发票章。

（8）租房发票及租房合同。

（9）房产证复印件等其他相关文件。

在申请税控机时需要按照以下流程办理：

步骤一：领取"领购普通发票（国标机打发票）申请确认表"。

步骤二：填写申请书。

步骤三：专管员签字。

步骤四：专管所局长签字予以批准。

步骤五：专管所盖公章。

步骤六：到办税大厅录入公司信息。

步骤七：购买税控机。

经过以上流程之后，税控机就到手了。

小刘开了新公司，正在申请税控机，会计跟他说申请的发票金额不能超过 1 万元，小刘很是糊涂，为什么发票金额不能超过 1 万元呢？

发票的金额与公司的销售金额有关，小刘如果要申请 1 万元以上的金额，有两个条件：一是月开发票超过 50 万元，二是有 2 份超过 20 万元的合同。具备这两个条件之一才能申请。

1.2.5　常见的发票税怎么算

想要知道发票的税率是多少，首先得知道常见的发票有哪些。常见的发票有普通发票、增值税专用发票两种。税率又是什么呢？它是征税对象的征收比例或征收额度。

过去，一般纳税人增值税税率为 17%；小规模纳税人增值税征收率为 3%。但从 2018 年 5 月 1 日开始，一般纳税人增值税税率就变为了 16%，而小规模纳税人增值税税率依然是 3%。

例如，你在商场买了一台冰箱，商场不是生产冰箱的厂家，所以商场也是从制造冰箱的厂商那里买的。你可以这么理解，如果商场从制造商手上花了 2000 元钱买一台冰箱，再以 5000 元钱卖给你，你再以 10000 元钱卖给客户。这里就产生了 2 次新增价值。制造商的冰箱卖价肯定高于成本，所以制造商产生了增值额，为了简化，一切从制造商卖给商家开始。

商家给制造商 2000 元钱，从买材料制造到卖冰箱，340 元（2000×17%）就是增值部分。商场付款给制造商就是 2340 元（2000+340）。

账务处理如下：

借：库存商品　　　　　　　　　　　　　　　　　2000

　　应交税费——应交增值税（进项税额）　　　　340

19

　　　　贷：银行存款　　　　　　　　　　　　　　　　　　　　　　2340

　　然后商场卖给你 5000 元，增值税部分就是 850 元，账务处理如下：

　　　　借：银行存款　　　　　　　　　　　　　　　　　　　　　　5850

　　　　贷：主营业务收入　　　　　　　　　　　　　　　　　　　　5000

　　　　　应交税费——应交增值税（销项税额）　　　　　　　　　　850

　　也就是说，销项税额-进项税额=850 元-340 元=510 元，510 元就是商场要缴纳的增值税。

　　进项税额=你买入东西的价值×17%

　　价税合计=进项税额+买入东西的价值

　　销项税额=出售东西的价值×17%

　　例如，小李的公司要求供应商开增值税专用发票只收 6%的税率，小李想："增值税发票不是 17%吗？如果我们开给客户的是税率为 17%的增值税专用发票，我们会不会亏本？"

　　因为你的公司是一般纳税人，所以采购东西基本都会要求供应商开增值税专用发票。而你的供应商不一定都是一般纳税人，如果供应商是小规模纳税人，那就只能开具税率为 6%的增值税票给你。

　　但是亏不亏无法衡量，如果你找一般纳税人采购，那么价格基本会更高，因为税率更高，抵扣额度更高，如果你找小规模纳税人采购，那么价格会更低，税率更低，抵扣额更低。如果你找的是个体工商户采购，你又要求他提供增值税发票的话，个体工商户去税务所开增值税发票给你，税率为3%，既然税率不高，那抵扣额也肯定不会太高。重要的是抵扣发票额度之后的价格，而不能只看抵扣多少百分数。

1.2.6　资金成本怎么算

　　如果你想开公司，但你手头又没有资金，这时，你需要向有资金的个人或者机构筹集资金，但借钱不能白借，你需要向资金所有人或者机构支付一定的占用费。而占用费和筹集资金就是你公司的资金成本。

　　在资金筹集过程中要支付各种各样的费用。例如，股票印刷费、律师费、公证费、担保费及广告宣传费等。如果你占用了他人的资金，就会产生资金占用费。也可以说是资金所有者凭借其对资金的所有权向你索取的报酬。例如，股东的股息、红利、债券利息及向银行借款支付的利息等。

资金成本包括长期负债资金成本、优先股资金成本、普通股资金成本、保留盈余资金成本。作为刚成立的公司，一般会采用向银行借款或保留盈余的方式来筹集资金。下面主要说一下，向银行借款和保留盈余筹集资金产生的资金成本怎么算。

资金成本率=每年的用资费用/（筹资总额-筹资费用）

1. 长期负债资金成本

如果你想长期获得资金支持，一般向银行借款是最好的方式。向银行借款的话，你不用着急还，短期内还不上利率在借款期限内也不会变动。如果你是无抵押贷款，就不存在筹资费用，即使有筹资费用，也比较少，你可以不用考虑。如果你是抵押贷款，就存在筹资费用，这种情况下你还要考虑抵押及担保资产的机会成本。

例如，你向银行借了 50 万元，期限是三年，是无抵押长期贷款，年利率为 12%，你公司的所得税税率为 25%。那么：

无抵押长期贷款的资金成本率=12%×（1−25%）=9%

如果你是抵押贷款，那么，资金成本可以把抵押条件和筹资过程中发生的相关费用作为筹资费用，如公证机构对抵押品及担保的公证费，担保及抵押品的保险费，律师签证费，银行所要求的手续费等。

例如，你向银行借了 100 万元，年利率为 10%，5 年内还清。同时，你将房产抵押，房产抵押后的机会成本为 3%，其他筹资费用率为 1%，所得税税率为 25%。那么：

抵押长期贷款的资金成本率=10%×（1−25%）+3%+1%=11.5%

2. 保留盈余资金成本

如果你的公司盈利了，你需要给股东分红，但是，股东不要这些资金，而是把这些资金作为资本投入公司的运营来支撑公司运转，这就是保留盈余。不管这些盈利的资金是否发放给股东，这些资金的所有权仍属于他们。有一部分学者认为："保留盈余是合伙人对公司进行的再投资，作为再投资，股东肯定也希望获得一定的报酬，这些报酬就是保留盈余的资金成本。如果股东没有报酬，就会把盈利的资金拿出来再投资别的地方，这是股东的机会成本。"

公司的资金成本与股东的机会成本之间没有必然联系。资金成本包括公司实际流出的资金和抵押资产的机会成本。如果把投资者的机会成本作为公司资金成本考虑的话，公司资金成本就与它的概念不完全相符了。

公司利用保留盈余资金既不需要实际多付股利，对于公司来说也不存在机会成本。因此，我认为保留盈余是没有资金成本的，就像目前我国的无息票据和应付账款购货一样，是没有资金成本的。

注册一个公司不需要你拿出和注册资本一样的钱来注册。但是，在注册公司的过程中，会有很多环节，有的环节是需要收取一定费用的，硬性规定的费用是不能省的。当然，代理费什么的就比较灵活，你可以选择性价比最高的。在这个过程中，你还需要了解各种费用是怎么计算的，这样才能避免一些不必要的花费。总之，你可以 0 元注册公司，但是该花的费用一定不能省。

第 2 章

场地费选择有门道，有多大能耐撑多大台面

小马上了两年班，觉得上班没什么前途，于是辞职开始创业，想开一家咨询公司。一切想得都挺好，可真正实施起来就费劲了，首先在公司选址上小马就遇到了难题。小马想租一个好点的办公室，但是又不想花太多钱，于是就租了一个位置有点偏僻的办公室。两个月过去了，小马的公司没什么起色，因为位置有点儿偏，来的客户也不多。小马后悔在公司选址时没选好，导致公司无法发展。

选择公司地址也是有门道的，不能为了省钱就选不利于公司发展的地址，要综合考虑各方面的因素，这样公司才能壮大。

2.1　公司场地怎么选最合适

公司场地怎么选最合适？有好多创业者在初创公司时都会为这个问题头疼。其实，选择场地也是根据创业者的实际情况来决定的，最好的选择就是花最少的钱租最有价值的办公场地。

2.1.1　选对了就是黄金地段，选错了就会门可罗雀

一个好的地址是新公司发展的第一步。很多刚开始创业的人都会忽略这一点，认为：我又不做零售生意，办公室在哪里都一样。如果这么想，那就大错特错了。不管公司经营什么，地点选择不好，都会多多少少受一些影响。对于选择公司地址来说，选对了就是黄金地段，选错了就是天高皇帝远。所以说，在选择公司地址的问题上，创业者们一定要慎重。

提起星巴克，你肯定很熟悉，也许你还品尝过星巴克的美味。它用了很短时间就从一个无名小店成长为世界连锁的大企业，并且已经变成了一种时尚符号。不管是在城市地铁沿线、闹市区、写字楼大堂、大商场，还是饭店的一角，只要是在人潮涌动的地方，都能看到星巴克的标识。星巴克俨然成了引领时尚的标志。

为什么星巴克能发展得如此迅速？有一个很重要的原因就是公司地址选得好。星巴克在选址策略上定位为"第三生活空间"。什么是第三空间？就是在家和办公室的中间应该还有一个可以给大家提供休息、畅谈的场所。星巴克一直很好地把握这一点。

还没有星巴克之前，如果你想休息、跟朋友聊天，可能会想到去麦当劳、肯德基或餐馆。你想休息、聊天，但是又不想吃饭，这就矛盾了。而星巴克的出现正好解决了这种矛盾，它可以给我们提供这样一个在茶余饭后也可以休息和聊天的场所。

星巴克在选择地址时首先会考虑人气比较高的地方，如商场、写字楼、地铁沿线和高级住宅区等。此外，如果一个地方对星巴克的市场布局有帮助或者有巨大发展潜力，星巴克也会选择，即使刚开业时经营状况也许不是很好。

星巴克在选址上一直采用发展的眼光来做整体规划。北京的星巴克丰联广场店在开店之初，客流量远远不能满足该店如此大面积的需要。最初经营时一直承受着巨大的压力，但星巴克看到了这家店的未来。因为这家店周边有很多高档写字楼，区政府将来也会对这个区域做整体规划。到时候，丰联广场店一定会成为该地区的亮点。于是，该店最终咬牙坚持了下来，现在丰联广场店的销售额在北京地区一直排名前列。

从这个例子就能看出公司的选址很重要，选对了，就会有意想不到的发展前途。在选择公司地址时需要考虑以下两个问题：

（1）你需要多大的办公场所　在创立公司初期，需要考虑要多大的办公场所。根据我的经验，你可以从每人 200～250 平方英尺（1 平方英尺=0.093 平方米）的办公空间，递减到每人 100～150 平方英尺。首先按照自己的租约期限，预估一下未来公司的人数。你当前要租的办公场所，需要满足估算的未来员工数量的 2/3 或 3/4，不要把空间算得太死。其次，你可以寻找一些效率较高的办公场所。例如，在办公楼里最好找一个方方正正的办公室，而不要选择那些角落的地方。要知道在楼层规划和布局时，绝不会有两个完全一样面积的办公室。再次，看看你要选择的场所有没有扩张的可能。扩展到邻近的办公场所，不会对你的公司造成太大影响。

（2）你能租哪些场所　你需要想一下，你是合租、单租，还是直租等，房东通常会问这些。有的房东会要求你的租赁期限必须是 5～7 年。如果是直租的话，房东有可能会接受 3 年的租赁期限。但是你要知道，租赁期限越长，选择就会越多。

如果你打算租一个办公场地，但是又不知道自己会租多久。你可以尝试一下合租办公场所或接受其他公司转租的办公场所等。与直接租赁相比，它们的优势是非常灵活，租赁期限也是弹性的。如果你不确定能租多长时间，合租或接受转租都是比较好的方式。

与别的公司合租也有弊端。在一个行政办公区，房东通常会承担多个租户共享办公场地所带来的财务责任风险，为了减少风险，房东会希望你和其他租户协作。但你要尽量避免与其他租户协作，因为这会牵扯很多事情。例如，办公场地要求、租户改善及相关成本、选择标准、租赁时长及可能涉及的法律责任。所以，有时候你以为合租会比较划算，但结果往往适得其反，不过在支付费用的时候，最好先算算每平方米需要花费多少租金，这样可以做到心中有数。

另外，你需要考虑自己的创业进度和灵活性，可以接受转租。你可以找到一个低于市场价格的转租办公场所，但是也有利有弊。例如，你会受到很多限制，无法对办公场所进行大刀阔斧的装修改造，诸如此类。即便你是一个转租人，如果承租人在未来 1～5 年发生财务问题，那么你也可能会承担相应的责任。

在选择怎么租之前，还要结合自己的实际情况。例如，你现在有多少资金？根据发展规划需要租多大的场地？总之，最后你都要根据自己的实际情况来决定租什么样的办公场地。

2.1.2　这三点，足够平衡地段与租金的杠杆

有很多创业者在选择公司地址时会遇到这样的问题：地段好、客流量大，但租金特别高；地段一般，但租金比较便宜。是选择地段好的还是租金低的？很多人回答："我想选择地段好且租金低的地方。"这种地方虽然有，但都是稀缺资源，一出现就立刻被别人抢走了。所以，不要对这样的稀缺资源抱太大的希望。你需要做的就是尽量平衡地段与租金的杠杆，这样选择的

场地也是不错的。

我之前的一位客户张小姐就遇到了这样的问题。一次闲聊中，她问我："租金昂贵的门店一般在商业区或人流很大的地段，便宜的店址则一般出现在比较偏僻的地方。我想要开个美容院，我希望面积在 150 平方米以上，位置不能太偏，有一定的人流量，如果是美容院整体转让最好，接手就可以继续经营。我看了两个地方，但不知道怎么选择，你给我点建议。"

店铺 A：位于 A 区，面积 220 平方米，租金 24500 元/月，转让费 45 万元。

店铺 B：位于 B 区，面积 190 平方米，租金 15500 元/月，转让费 35 万元。

我跟她一块去这两个地方做了实地考察。A 区的美容院位于小区外的商业街，两层楼，周边是各种高档的住宅小区。商业街人流量很大，包含了餐饮店、健身会所、超市、便利店、眼镜店和美容院等各种行业的店铺，为周边的大型小区提供了很完善的商业服务。而 B 区的那家店则位于某个街道的路边，离周边最近的小区大概 500 米左右，旁边有几家餐饮店，人流量不大，不过属于小区部分住户上下班的必经之地。

两家美容院都经营了一段时间，积累了一定的客户群体，但在租金上差了将近 1 万元。考察完两家美容院后，对比了一下两家美容院的实际情况，我建议张小姐选择 A 区的这家美容院。张小姐想知道我这么建议的原因。

我回答她说："我认为 A 区这片的商圈比较成熟，你不需要再培养，未来风险也比较小；这一片的客流量也比较大，立刻有生意可做；客户的质量高，单价肯定也高，通过高质量的客户的口碑推荐，你就有机会发展。这店的租金只多了将近 1 万元，不是贵得太离谱，你很轻松就能赚回来。B 区的美容院，虽然租金便宜，但客流量相对较小。如果你想要快速回笼资金，这并不是一个好选择。除非你有足够的资金和耐心去养店、养客户。而且在未来的几年内这个地方的客流量也不会有大的发展。所以，我建议你选 A 区。"

张小姐经过再三衡量和反复对比，最后接受了我的建议，接手了 A 区的那家美容院，转让费也在我的协助下，从 45 万元谈到 37.5 万元。

人流量大、客流量大、客户质量高的地方，租金必然偏贵。你在寻找店铺的时候一定要根据自己的实际情况去寻找。如果资金不足，就选小一点的店面，但一定要优先考虑客流量和商圈的发展，无论如何都要坚持客流第一、价格第二的原则，切不可为了省租金而选择不合适的场地，从而影响公司的发展。

2.2　场地选择涉及的费用有哪些

　　不管是自己的场地还是租用的场地都会需要一些费用。一般来说，大部分公司的场地是租用的，在租用场地时就会涉及租金，而在房租中又会涉及各种各样的费用。那么，在涉及这些费用时，怎么做才能不吃亏？在装修办公室时，怎么才能最节约？这些问题都是需要考虑的问题。

2.2.1　如何与房东谈房租，押一付三与年付

　　刘林毕业后上了半年班，辞了工作创业，开了一家软件外包公司。在租公司办公室的时候由于没经验，又比较着急，就吃了一次亏。

　　看到了几个比较好的场地，但房租都比较贵，房东不降价。后来终于找到一个场地，房东肯降价了，但租金必须按年付。房租最初为每月 8500元，按年付的话是每月 6000 元。为了省钱，刘林只好按年支付了房租。选择按年支付房租，刘林就很被动，如果想要提前换场地，就会损失一些钱。过了一段时间才发现，跟他同一个房东的隔壁公司的场地面积等都跟他的一样，但是不仅租金比他低，而且还用押一付三的方式。刘林很生气，无奈已经签了合同，合同上都写得很清楚。

　　在租房上，刘林感觉自己吃了大亏。高昂的房租让人苦不堪言，如果租房时能和房东砍价，也能省下不少费用。那么，为了节省费用，该如何做？又如何跟房东谈房租呢？租房谈判有以下四个要点（见图 2-1）：

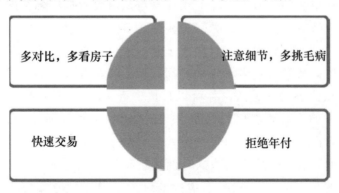

图 2-1　租房谈判的四个要点

（1）多对比，多看房子　对于你来说，可以租的房子有很多，每个房子的价格都有差别，想要租到性价比高的房子，就需要多了解一下行情，在租房之前可以多花一点时间对该地段的房租价格进行了解，这样在价格谈判的时候就能做到心中有数，在和房东谈价格时，你可以这样说："我已经在您附近的××区看好了一个场地，比您这里便宜多了，就是位置没这里好，如果房租不降的话，那我就选择那个场地了。"

不管怎么说，关键就是让房东感到他不是你唯一的选择，这样房东才会主动降房租。只要你举出的例子是真实的，并且言之有理，还是有可能获得一定的租金优惠的。不管是房东还是房产中介，在报价的时候一般都预留了部分砍价空间，这就需要你主动把握和争取。

（2）注意细节，多挑毛病　如果上面第一招没能让房东动摇，那就要使出第二招了。你可以观察一下房子的细节，挑挑房子的毛病。在挑毛病时，你一定要挑得专业，同时又要注意细节。例如，楼层的高低、采光是否良好、周边交通是否便利等。你可以这样说："您这个房子不是南北通透的，不仅通风不太好，而且采光也比较差。房间的装修也比较简易，不值这个价钱啊，您考虑一下再降降，再降点的话我就不看别的了，直接租了。"你说的房子的缺点，房东肯定也是知道的，这些缺点也是房东的弱点，房东为了能将房子租出去，肯定会降房租。

（3）快速交易　这种方法比较适用于那些长期没有将房子出租出去的房东，有的房子长时间租不出去，肯定在某些方面存在缺陷。房子空的时间越长，房东损失的房租就越多，因此，房东也想尽快把房子租出去，对于爽快的租客肯定比较欢迎。但也有例外，有的房东觉得自己的房子不错，没有好价钱是不会租出去的。所以，在运用这种方法时要根据实际情况来决定。

房东为了缩短房子空置的时间，获得更多的租金收益，希望自己的房子能尽快租出去。你在看房时，只要房子基本上符合你的办公需求，就没有必要太挑了，毕竟找场地也需要耗费时间、精力和金钱。当然这个时候你也不要表露出满意的表情和看法，你可以直接告诉房东："我觉得房子还是基本符合我的要求的，只要房租合理的话，今天咱们就可以签合同。"房东想要快速把房子租出去，也就愿意在一定程度上给予租金优惠了。

（4）拒绝年付　付房租的方式有两种：年付和押一付三。从目前的情况来看，最常见的付房租方式应该是押一付三，当然，也有少部分是押二付一。而像年付这种付房租的方式基本上已经不再采用，因为这种方式会为租客带来比较大的风险。例如，房东携租金潜逃、"假房东"骗取租金等。所以，在租房的时候，最好不要选择年付的方式。

2.2.2　年度递增房租多少才合适

小张开公司，看上了一块场地，在谈房租时，房东说房租一年一交，每年房租递增 5%。小张头一次听说房租还要递增，对于递增基数也不太了解，也不知道房东说的 5%是按什么标准定的，问房东，房东就说每年的房租会上涨，每年涨 5%，至于为什么，房东说得也比较含糊。小张感觉很困惑，也不知道合同到底要不要签。

关于房租递增多少合理的问题，一般都是由房东和租客达成一致，靠合同来约定，目前没有法律或规范性文件来规范。房租的递增标准随着物价的变化与房屋出租市场的变化而变化，存在着明确的不可知性与不可预见性，很难用法律来约束。所以，如果小张想要知道上涨 5%是否合理，需要看看周围的房租趋势、地段等还有没有上涨的空间，幅度多大。如果所租房子不仅不会升值，还有可能贬值，那么5%递增就不合理了。

你可以在租房合同中约定方式。例如，定期递增，按一定周期比照经济增长率适当增长，但这必须经过你的同意后才能在合同中显示，你们可以适时调整合同约定的租金递增基数。如果市场发生了明确变化，你和房东协商达成新的递增基数就可以了。房租递增基数参照同地区、同地段、同水平的租金进行调整。也有房东明确就按某个确定的基数来，之后的几年都按这个基数，不会再调整。

一般好的场地，房租都会递增的。基本上是从第 3 年开始递增的，每年递增 5%～8%比较常见。如果租的时间比较短，房东会希望每年都递增，以使租金收入与资金的时间价值一起得到体现。地段比较好的场地，递增比例更高。如果房租每年都递增的话，在合同中要明确房租的比例和实际的金额，合同签 5～10 年比较好。

如果在租房合同上没有写清每年租金递增的详细数值，房东是不能随便涨房租的，也无此特权。假如合同中没有规定房租几年递增一次，而双方合同一经签订对双方都有约束力，租金应按合同的约定计算。假设未约定明确，房东也不能将他的意愿强加给你，只能通过协商的方式来解决。一般正规的合同上都会这么写：经双方协商该房屋第 1 年租金为××××元；以后每年递增××。租金年付，乙方应于每年的××月××日前，向甲方支付下一年的租金。

商铺租金递增标准根据市场价格、商铺所在位置等因素来决定。国家对于商铺租金递增没有具体说明，通常情况下，一般普通的租赁合同是 1～3 年一签。到期后，房东会根据当地市场的租金情况来决定要不要加房租。例如，某些商铺租赁合同年限较长，房东也会在合同里规定前三年的租金是多少，从第 4 年开始每年租金递增多少。

2.2.3　以防万一，转租这一项怎么填

冯先生下海创业，租了房东李某的一间店面房作为办公室。双方协商之后签了租赁合同，合同约定房东李某将店面出租给冯先生做办公场地。冯先生每月支付 5000 元租金给李某，租赁期限是 5 年。也约定租金不会随着时间上涨，冯先生还付给李某 1 万元押金。

冯先生经营了不到一年时间，公司情况一直不好，无法支撑这么贵的房租，想要退租，但是双方已经签订了 5 年的合同，如果中途退租，冯先生就会损失 1 万元的押金。为了不损失这 1 万元，冯先生在没有经过李某同意的情况下将店面转租给了别人，而房租也改成了 6000 元，自己还能多拿 1000元。

没有不透风的墙，冯先生把店面转租给别人的事让李某知道了，李某很生气，让冯先生赔偿损失。冯先生觉得自己没有错，拒绝赔偿李某的损失。李某将冯先生告上了法庭，结果法院判决冯先生赔偿李某一部分损失费。冯先生不仅没拿到 1 万元的押金，又损失了不少。

另一则案例：

王光把一间铺面租给李四作为商用超市。租赁时间为 3 年，在租赁期李四每月支付王光 3000 元租金，每个月的 12 日之前交租金。同时，李四向王光付了房子押金 5000 元。在租赁期间，李四没有经过王光的同意就把铺面租给了其他人。李四私自将店面分割成了两部分，其中一部分租给了第三方经营体育用品。李四心想："反正当时签合同的时候也没有规定我不能转租，转租了也不能怎么样。况且我转租的是我付了租金的地方，现在是属于我的。"但是李四没有想到还有法律的约束。

王光咨询了一下律师，发现李四的行为就是违反规定的行为，虽然自己

在合同上没有明确提到是否能转租给别人，但是在法律上，私自转租给别人是不合法的。于是，王光将李四告上法庭，最终李四赔偿了王光一部分损失，还被迫终止了合同。房屋租赁期间，双方不得擅自终止合同。如需提前解除合同，双方均应提前 45 天通知对方，并经协商一致后方可终止合同。

这个案例告诉我们，在租房时不要私自将房子转租给他人。如果想给自己留一个可以转租但又不违反法律的机会，在跟房东签租赁合同时，就要明确这一点。你一定要向房东问清是否可以转租。如果房东同意转租，关于转租的一些条件需要在合同上写明，为自己留一个机会。

要转租房子，需要经过房东同意。未经房东同意，房东可以随时解除合同，你也会承担违约责任。如果你转租给的租客对房屋造成了损失，你也要赔偿损失。

转租也是有法律规定的。《中华人民共和国合同法》（以下简称《合同法》）第二百二十四条规定："承租人经出租人同意，可以将租赁物转租给第三人，承租人转租的，承租人与出租人之间的租赁合同继续有效，第三人对租赁物造成损失的，承租人应当赔偿损失。""承租人未经出租人同意转租的，出租人可以解除合同。"

所以在签订合同时，关于转租的问题一定要与房东协商清楚，避免你想中途转租给他人却会违法。

房屋转租现象多有发生，这里我要提醒你的是，在转租的时候你需要提前告知房东，将租赁房屋进行转租的行为必须先行获得房东的书面同意，否则就构成了无权处分行为。你的转租行为是否有效属于待定状态，只有取得房东的同意或租赁房屋的所有权，你的转租行为才能被认定为有效。

2.2.4　违约金写多少最合适

李女士是上海某商用房的所有人。她半年前将房子租给了贾先生，并签订了房屋租赁合同，约定由贾先生租用经营咨询公司，租赁期限是 2 年。每月贾先生要向李女士支付 9000 元房租，押金为 9000 元。合同还规定，如果贾先生中途退租，应按提前退租天数的租金的一倍向李女士支付违约金，违约金可从租赁押金中抵扣。

前不久，贾先生向李女士表达想提前退租的意愿，但没有明确退租的具体日期。双方经过协调，没能就提前退租的赔偿金额达成一致。李女士为贾先生办理了退租手续，贾先生交还了房屋钥匙，并结清了水、电、煤气费用，但押金没有退还，目前李女士已经将这个房子租给其他人，双方再次协调还是没能达成一致。于是，李女士将贾先生告上法庭要求索赔违约金 3.5 万元。而法院判决贾先生向李女士赔偿违约金 9000 元。

像贾先生这样的例子还有很多，我的一个客户在租赁公司场地时，也碰到了同样的情况，他违反租赁合同的一些规定，造成违约。很多房屋租赁合同都会涉及房屋租赁违约金，房屋租赁违约金是签订合同时和房东协商好的。如果你们其中一方违反合同约定就应当向另一方支付一定数量的违约金。而很多人不知道什么情况下就是违约了，怎么算违约金，甚至有的租客在违约金上就吃亏了。那么，什么情况是违约呢？违约金到底怎么算呢？在房屋的租赁合同中，常见的违约情况有以下几种：

（1）在房屋租赁关系上，要求解除租赁合同的一方，应该提前 1 个月通知对方，否则就属于违约，对方当事人有权要求其支付违约金。

例如，某个房子你不想租了，但是还没到期，你要提前解除合同，就需要向房东支付约等于押金金额的违约金。或者房东在房子没到期时就让你退租，在这种情况下，房东需要向你支付约等于押金金额的违约金。

（2）租房合同中对违约金有约定，租房违约金的数额是由当事人双方通过事先约定而确定的，则按约定的违约金比例支付。

例如，你和房东在合同上约定好不能将房子转租给别人，若转租就会违约。至于违约金具体是多少，你需要跟房东提前商量好，并且要明确地写在租房合同中。

（3）约定的违约金过高或过低可以请求变更。约定的违约金超过实际损失30%时可认为约定过高，你可以要求降低。

例如，房东家的墙面被你恶意损坏了，按规定你需要向房东支付一定的赔偿，但是，房东跟你要 5 万元的赔偿就不合理了。你可以按照墙面的实际价格或者修缮墙面花费的价格来支付违约金。

（4）房屋租赁合同中对违约金的金额没有规定，应按违约方对对方造成的实际损失来计算违约金并退回押金和剩下的房费。

例如，房东没有经过你同意，在你租房子的期间，也将房子的钥匙交给了他的亲戚，他的亲戚可以随时开你公司的门使用计算机。这种情况就属于房东违约了，但是在合同上你们针对这件事没有协商违约金，房东应按照对你的损失来支付。如果因为这件事，你想解除合同，房东也要退回押金和剩下的房费。

房屋租赁违约金是不算在房租内的，是房租以外需要支付的金额。如果出现违约时，双方按照租赁合同的约定处理，赔偿约定的违约金金额。

在和房东约定房屋租赁违约金时，你应该注意：

（1）违约金具有补偿性和惩罚性等多重属性。在和房东约定违约金时，应该坚持以补偿性为主、惩罚性为辅的原则。这样，既维护了守约方的利益，也兼顾了违约方的利益，对双方来说都是比较公平的。

（2）违约金为什么会存在？主要是为了补偿违约方给守约方带来的损失。而有关违约的法律条款主要是用来调整双方之间的利益分配，尽量做到公平。最主要的目的不是惩罚违约方，而是补偿守约方的损失。因此，违约金也是一种财产责任，它最重要的意义就是对守约方的补偿，其次才是对违约方的惩罚和制裁。

约定房屋租赁违约金的形式有很多种。例如，约定具体的违约金数额和违约赔偿损失的计算方式等。在房屋租赁合同中，如果双方约定了具体的违约金数额，当出现违约时，就按约定的金额赔偿。如果你们当时没有约定房屋租赁违约金的金额，就要根据守约方的损失来计算违约金的金额。

有很多人问我，房屋租赁合同中的违约金到底定多少合适？一般来说：

（1）违约金由你和房东双方商量来确定，没有具体的数额限制。通常的情况是根据你和房东预测的因一方违约可能带来的损失大小来确定金额的。

（2）如果你和房东其中一方发生违约，守约方要求违约方承担违约责任时，如果当时约定的违约金不足以弥补守约方实际的损失，守约方可以到法院起诉请求增加违约金；如果约定的违约金超过守约方实际的损失，违约方可以到法院起诉请求减少违约金。

（3）在租赁合同中约定违约金时，应该是"不超过守约方实际损失的20%"。如果守约方在要求违约金时超过了实际损失的 20%，法院也是不会支持的。就像上述贾先生的例子一样，李女士要求的违约金超过了实际损失，法院最终也没有判决贾先生支付李女士要求的金额，而是按照实际情况来判决的。这对于违约方来说也是公平的。

像"违约金过高或过低"这种情况，一般法院的处理办法是：

根据《合同法》第一百一十四条的规定："约定的违约金低于造成的损失的，当事人可以请求人民法院或者仲裁机构予以增加；约定的违约金过分高于造成的损失的，当事人可以请求人民法院或者仲裁机构予以适当减少。"

这里需要注意的是，违约金的高低是应当事人的申请由法院或仲裁机构被动进行审查的。如果当事人没有在一审法庭辩论终结前提出对违约金的调整申请，则审理机构不主动干预。也就是说，不管你和房东哪方违约，在去法院调解时，只要守约方没有提调整违约金，法院是不会干预的，违约金按照合同上的约定支付；如果守约方要求调整违约金，法院会根据实际情况来判决。为保险及公平起见，双方可以在约定违约金比例时通过设定上限等方式来防止违约责任过重。

2.2.5 房租什么时候交，新手小白才能不吃亏

小程和两名合伙人一起租下了某园区写字楼的一间办公室作为创业最初的基地。在付房租之前就与房东协商好了，小程他们每个月付 5000 元租金，按照押一付三的方式进行。由于没什么问题，小程也比较着急，双方当天就签订了租赁合同，并且一次性支付了 3 个月的租金和 1 个月的押金，共 2 万元。

按照他们第一次支付租金的日子计算，再过 20 多天又到了交房租的日子。可是，这个时候，小程却接到了房东打来的电话，希望他们尽快把下一期的租金凑齐，在这几天付清。房东的要求让小程他们很不理解。然而，房东考虑的却跟他们不一样。房东说："你们是在 7 月份租房的，头三个月就是 7 月份、8 月份、9 月份，所以 9 月份你们要交房租。"

小程他们觉得房东这样算很不合理，如果按照房东说的日期付房租的话就相当于租期少了 10 天，但租金付得就多了，显然房东这样算很有问题，房东想在房租里多得到点利益。房东不认同小程他们的房租计算方法，坚持要在这几天让他们交清房租。

律师服务公司的刘老板也遇到了类似的问题，2017 年 6 月 30 日他租下两间办公室后，他本想着等到 9 月 30 日才是再次缴纳房租的日期，可是在这之前房东的电话却把他搞蒙了。刘老板说："刚拿起电话那一刻，我还没说话，房东就质问我为什么不交房租，说我已经拖欠快半个月了。我觉得很奇怪，明明还没有到交房租的日期，怎么会拖欠半个月呢？"

对此，房东坚持称："虽然租赁合同是 6 月 30 日签订的，但是合同中有明确规定，每期的房租应当提前半个月支付。如果这么算的话，我确实已经拖欠了快半个月的房租了。后来我找出租赁合同翻看，才发现确实有这样的规定，但当时我根本没注意这一项。"

像上面的例子还有很多，可能你也碰到过。这里，提醒读者注意，如果你看好了房子，想要和房东签订租赁合同，在签订租赁合同时，你一定要和房东就租赁时间、支付租金的时间和方式等问题达成书面协议，这样才能避免纠纷。

如果你们就某项问题没有达成协议而产生了纠纷，可以协商解决。如果协商不成，按照《合同法》规定："租赁期间不满一年的，应当在租赁期间届满时支付；租赁期一年以上的，应当在每届满一年时支付，剩余期间不满一年的，应当在租赁期间届满时支付。"所以，在租房时，你一定要和房东协商好交房租的日期等问题。

有个刚毕业的学员问我："我是 15 日租的房子，押一付一，按理说下个月在 15 日准时交房租，为什么房东说要提前 7 天交呢？那这样的话我押一付一的那个月房租岂不是浪费了 7 天？每个月提前 7 天交就变成我是 8 日租的房子了，根本还没一个月呀，这个是怎么算的？"一般租房，房东都会要求你提前交房租，那么，房租提前交是否合理呢？如果合理的话提前多长时间比较合理呢？

一般来说，房租都是需要提前交的。正常的话，房租提前一个星期交比较合适。如果房东让你提前一个月交房租就有点不合理了。有的人认为，提前一个星期交房租，自己就吃亏了。

房租提前交，不代表你就损失了几天房租。例如，你租了一年的房子，你跟房东约定的是每个月 15 日交房租，对你来说只需要交够 12 个月的房租即可。假如你觉得每个月交钱比较麻烦，那么你可以一次交 3 个月或 6 个月的房租。对你来说，只要你没多交钱、没少住房，就没有什么损失。

在租房之前，你和房东约定的交房租的日期，只要在一个星期内就算合理。并且，你要把你和房东的约定写到书面合同中，如果出现纠纷，书面合同就是依据。

2.2.6 房东这样写收条，无效

小王在租房子的时候犯了一个错误，导致损失了好几千元。小王是今年刚毕业的软件工程专业学生，由于自己在学校替很多公司做过软件编程，挣了一些生活费。毕业了，小王不打算去公司上班，而是自己开了一家替别人设计软件的公司。

创业初期，小王没有太多的资金，于是就在一个位置稍微有些偏僻的写字楼租了一间办公室。跟房东谈好了房租、水电费等一些问题后，房东给小王写了张收条作为凭证，也没有给小王正式的发票。当时，小王也不知道收条到底该怎么写才有效，也不知道还需要索要发票。房东给了他，他也没仔细看。等到了交房租的时候，房东不仅要了房租，还要了六个月的水电费。

小王很是不解，他问房东："前三个月的水电费不是交了吗？"房东坚持说没有交，小王拿出当时房东写的收条，发现上面根本没有写水电费这一项。小王瞬间就懵了，当时不是交了吗，收条上没写，根本就不能证明小王交了水电费。就算去法院打官司，小王也不会有胜算，因为收条上就是没写。无奈，小王又交了六个月的水电费。对于这种事，小王真的是吃了哑巴亏。

在租房子的时候，如果把房租交给了房东，房东都会写张收条，如果房东不写，你也要求他写，因为这是你们日后的凭证。让房东写收条的目的就是证明你交了房租、水电费等费用。你交了哪项费用，都应该在收条上写清楚。那么，房租收条怎么写才有效呢？房租收条可以做原始凭证吗？

房东所写的房租收条一般都包括这几项内容：

（1）房租收条一般用的是二联单，但也有房东只是随便在一张白纸上简单地写下"房租收条"。一般情况下，在开头要写"收条"，"收条"是收到的意思。如果房东在开头什么也没写，那收条也是无效的。

（2）房租收条的正文应该包括房子的具体地址、承租人的姓名、租金的具体期限、收到各项费用的金额（大小写都要表示出来），见表 2-1。例如，房东在房租收条中可以这样写："今收到，×××承租（房屋的具体地址）半年租金（××××年××月至××××年××月）共计人民币肆仟伍佰元整（￥4500 元），以及水费共计人民币壹佰元整（￥100 元），电费共计人民币壹佰元整（￥100 元）。"

（3）在收条最后写上收款人的姓名，如果是代收的，则要写上代收人的姓名。在写房租收条的时候，还要写清楚交房租的具体时间。

表 2-1　收条模板示例

收　条
今收到 （租户的名字） 承租 （房屋地址） 壹个月租金（××××年××月至××××年××月）共计人民币壹仟伍佰元整（￥1500 元），以及水费共计人民币 _____ 元整（￥　　元），电费共计人民币 _____ 元整（￥　　元）。 　　　　　　　　　　　　　　　　　　　　　　　　收款人：（房东签字） 　　　　　　　　　　　　　　　　　　　　　　　　××××年××月××日

有人问我："房租收条可以作为原始凭证吗？"我将从以下几个方面回答这个问题：

（1）一般来说，房租收条跟白条是没有区别的，它不能作为原始凭证使用。根据《中华人民共和国会计法》和《中华人民共和国税法》的规定，在交纳房租时，承租人应当向房东索取正式的发票，可以把这个正式发票作为原始凭证。严格来说，房东应该提供租赁发票。收条要作为"白条"应进行纳税调整。如果房东不提供发票，你可以去税务局代开。如果实在没办法，那你可以同时附上房东的收条和租房合同作为附件。

（2）如果是公司租赁的办公室，房租收条更不能作为原始凭证。你租办公室的房租必须要由房东提供正式的房租收据发票。有的单位有专门的发票，个人要到税务部门交税后才能开具，才能入账。如果你没有正式的发票，税务部门会要求你来承担房产税，而不是你的房东。并且，你还要做所得税的纳税调整，补交所得税，同时你还可能受到不按规定索要正式发票的处罚。

（3）房租收条能有效证明某一具体的房屋租赁关系，它能够证明你和房东之间是有房屋租赁关系的。换句话说，能证明你向房东都交纳了哪些费用。同时房租收条还能够证明你在某一段时间具体履行了自己的哪些义务等法律事实。这些都根据房租收条上写的内容来确定。

（4）通常，房租收条是针对某项具体的法律关系来说的。而房租收条也属于法律事实依据，国家对不动产的所有权关系是可以进行法律调整的，也就是说房租收条也是有一定的法律效力的。

2.2.7 怎么用最少的钱装修出最好的效果

我的一个朋友买下了商住小区的一套商用房作为自己的公司场地，但当时买的时候，房子是毛坯的，需要自己装修，但他又没有太多钱来装修，有一次我们聊天时，他提到了这个问题，向我咨询。

对于公司场地的装修，很多老板都希望用最少的钱装修出最好的效果。那么，怎么装修才能节省公司成本呢？方法如图 2-2 所示。

1. 时间安排

如果你想装修办公室，在装修之前你要提前预计好时间。换句话说就是你要提前留出足够的时间把设计、用料、询价和预算等方面都考虑到。前期准备得越充分，后期装修也越省力、效率越高，实际花费也越低。但是，如果你自己准备装修材料，要提前和施工方沟通好，确定提前准备材料的时间、材料的量，避免工期延误。

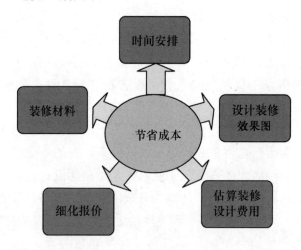

图 2-2　节省装修成本的方法

2. 设计装修效果图

提前设计出装修效果图，预估出整个装修过程中所需的装修费用，也有利于装修公司提出合理的设计方案。如果你事先提出具体的装修要求，装修公司也可以根据你的要求提出对应的报价，这样很容易和装修公司达成一致意见，不会因为意见不统一而影响工期。

因此，提前设计好装修效果图是装修报价预算的前提，你还需要列出装修需求清单，再根据装修公司提供的报价参数估算花费，得出最终的装修费用预算。在装修的时候，你可以多多参考专业装修人员的合理化建议。

3. 估算装修设计费用

对你来说，肯定希望整体的装修报价是透明化、细节化的，因为你的目的就是节省成本。因此，在核对装修报价时，你要仔细查看每一个项目的报价，查看预算是否完整，报价中是否包含了装修所需的所有东西和所有的装修流程。把需要的项目都列出来，避免在装修过程中临时增加项目，增加额外的费用。

4. 细化报价

如果整个装修预算系统是完整的，你还要记得向装修公司询问装修所用到的材料种类、工艺，每种材质的价格、质量，这些都需要知道，要做到整体的装修过程是透明化、精细化的。有些装修公司为了利益会忽悠你使用利润很大的材料，这里你要注意避免被装修公司忽悠。

5. 装修材料

装修前，你要测量办公室各个房间的面积，估算装修材料的使用量。这也是节省资金的一种有效方式。你需要测量墙面、地面、顶面、门、窗等各部分。总之，在装修时，如果你杜绝一些浪费现象，一定可以节省不少费用。

在装修时你还需要注意的内容如下：

（1）天花板　天花板的装修要尽量简洁，保持高度能通风就可以了。

（2）墙面　我建议在刷墙的时候，要使用健康型的涂料，毕竟，一天的大部分时间你都是待在办公室的，使用一些环保的涂料对健康比较有利，要考虑长远成本。

（3）通风　办公室通风也是必不可少的条件，各种设备也需要良好的通风，办公室一定要有窗户，如果想通风面积大点，可以把窗户设计得大一些。

（4）隔音处理　如果你选的办公室在商住小区，想要营造一个安静的环境，你可以在自己的办公室加一些隔音处理。

（5）地面　建议铺设地板。你的办公室肯定要有计算机、传真机、复印机、打印机这些设备，这些设备在使用时会散发一些有害物质，而地板具有一定的吸附功能且方便清洁。

（6）温度　因为办公室是你常待的地方，不管是夏天还是冬天，温度合适你才能有效地办公。所以，安装空调是有必要的。同时你要注意不要将计算机等设备放在空调的风口下、阳光直射的窗口旁及暖气片或取暖器的旁边，以免引起火灾等危险情况。

（7）照明　照明以简洁实用为原则，避免使用荧光灯具。你可以使用间接照明，它可以把光线射到天花板、墙面或其他界面上形成反射光，光线较柔和且均匀。会议室照明以会议桌上方的照明为主，使人产生中心和集中的感觉。亮度要合适，周围可以加设辅助照明。

（8）布线　布线是办公区装修最复杂的工程，在装修之前要规划好，预留多个接口，如供计算机、传真机等设备专用的电源、计算机接口、ISDN 接口或 ADSL 接口、卫星电视接口等，多预留几个接口，以免设备太多，接口不够用。

（9）装饰　在风格上，你可以根据自己的喜好随心所欲地布置，但要避免分散注意力，也要便于清洁和打扫。如果办公室足够大，还可以摆放一些花草，净化空气。

（10）面积　办公区要尽量宽敞明亮，因为你要摆放很多设备，如计算机、传真机、打印机等，加上书橱、写字桌、椅子等家具，如果面积太小，会显得办公区比较拥挤。如果还有空余位置，你可以摆放两组沙发作为会客厅，同时还方便你工作之余短暂休息。

（11）色彩　办公室装修跟家庭装修不太一样，办公室以简单为主，总体色彩应以柔和为主，不要五颜六色，也不要太沉闷。

不管怎么说，办公室装修的首要原则就是简洁，没有必要弄得太花哨，毕竟是办公环境，整体沉稳一些比较好。

第3章

做好这些招聘数据，简历收到手软

注册好公司，选择好公司场地之后，就要开始招聘人才了，人才是一个公司发展的重要保证，这个环节做不好，公司也是开不好的。在招聘环节，有很多招聘数据需要你去了解和掌握，只有这样，才能保证招聘的人才是优秀的。

3.1 招聘时需要注意什么

在招聘时会涉及各种各样的问题。例如，你选择什么样的招聘平台来招聘？怎么宣传你的公司才能让更多的人前来应聘？这些问题都是你在招聘时会涉及的问题。那么，遇到这些问题时，你需要注意什么呢？

3.1.1 招聘平台的选择就这几点

张先生开了家公司，大部分工作已经做好，就差招聘人才了。在招聘上，张先生是个新手，没有太多的经验。根据他自己的了解，就选了几个招聘平台来发布招聘信息。效果不是很理想，收到的简历不是很多，这样，他的选择范围就小了很多，招聘人才的质量也降低了。

对于很多公司来说，通过招聘平台来招聘人才已经成为常用的方式。目前的招聘平台多达上千家，如何从这些平台中选择出最适合自己公司的招聘平台，也是一项很关键的工作。总的来说，优秀的招聘平台一般会具备的两个主要特点是服务好和功能强。具体可以从以下几个方面来选择招聘平台，如图3-1所示。

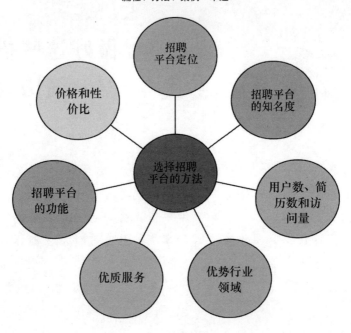

图 3-1　选择招聘平台的方法

1．招聘平台定位

网络招聘平台有行业性平台、综合性平台、地方性平台三大类。

综合性平台主要是为全国各类型的企业服务，知名度高，影响力大。例如，前程无忧、中华英才网、智联招聘等。这类招聘平台的优点是覆盖面广，人才多而全，基本上能满足各类中小型企业的招聘要求。但这类平台也存在一定的缺点，虽然人才数量比较多，但是很杂，人才质量良莠不齐，定位也不够精准。对于一些专业性比较强的公司来说，想找高质量的人才比较困难。如果你的公司招聘的不是技术性很强的人才，则可以选择这类平台进行招聘。

行业性平台主要为全国行业性的企业提供服务，人才也都是这个行业中的精英，提供的服务也比较专业。例如，零售人才网、建筑英才网等。如果你的公司招聘专业性比较强的人才，也需要一定的工作经验，则可以选择这类招聘平台。

地方性平台主要为本地的各类型企业服务。这类平台的优势是掌握的本地基础人才信息比较多，方便求职者到公司面试等。因为公司刚刚起步，选择以本地区为中心的招聘平台相对实在一点，招聘费用也会便宜一些。

一些大中型的企业会更倾向于招聘高端人才，它们会选择像猎聘网这样定位更加精准的招聘网站或专门定位高端人才的招聘网站。

2. 招聘平台的知名度

如果招聘平台比较知名，则意味着它有更多的用户数、简历数和访问量及更好的服务质量。如果企业发布招聘信息，看到的人会比较多，收到的效果也比较好。建议在选择招聘平台的时候优先考虑那些知名度比较高的平台。

3. 用户数、简历数和访问量

用户数、简历数和访问量是判断招聘平台是否拥有实力的重要依据。招聘平台的用户数、简历数和访问量也反映了公司的招聘信息是否能受到关注，对公司招聘效果而言显得格外重要，同时它也会促进企业品牌的推广。试想一下，虽然你没有招聘到想要的人才，但却有几千人看了你的公司信息，这也是一种不错的收获。

4. 优势行业领域

由于招聘平台的定位不同，每个招聘平台都有自己擅长的领域或行业。尤其是一些行业性平台。例如，数字英才网面向 IT 行业招聘，零售人才网面向销售行业招聘。

5. 优质服务

公司的性质不同，在招聘时也会有不同的需求。每个公司在招聘方面都有不同的需求，如果招聘平台的服务千篇一律就无法满足一些公司的需求。在公司提出招聘需求时，招聘平台会根据公司招聘人才的具体情况提供适用的招聘服务组合，帮助公司用最少的成本达到最大的效果。

有的招聘平台会给公司提供招聘专业定制服务，在帮助公司找到人才的同时，也对自身的品牌进行了宣传。有些招聘平台会对公司进行满意度调查和定期回访，认真听取公司的意见，从而改进自己的服务。为了更好地服务于公司，有些招聘平台还会面向公司提供免费的公司内部培训，使公司在完成招聘任务的同时提高了自己的专业水平。

6. 招聘平台的功能

虽然各人才招聘平台的功能都没有太大差别，但有些招聘平台还会推出一些个性化的特色服务。例如，智联招聘推出了"急聘 VIP"，大街网推出了定向发布功能。这些特色服务可以帮助企业快速精准地获得人才资料。猎聘网定位于高端人才的招聘，它的隐私保护功能可以帮助高级人才获得升职晋升的机会。

有些招聘平台能够提供与企业组织结构相符合的职位库管理系统，方便人事部门进行职位管理，人事部门还可以自动投放广告。企业可以随时随地发布职位信息和招聘广告。所以，在选择招聘平台的时候，公司可以根据招聘平台提供的服务特色来选择适合自己的招聘平台。

7. 价格和性价比

俗话说："天下没有免费的午餐。"一般来说，招聘平台为公司提供人才招聘服务时都会收取一定的费用。当然，有一些刚兴起的招聘平台为了提升知名度，会免费发布招聘信息。这些招聘平台的资源、会员、流量都是非常少的，在选择时，需要慎重考虑。

在性价比这个问题上，大多数的招聘网站会员每年收费在 2000～5000元，如果你想将招聘信息发布在平台的首页，价格需要另议。像一些知名招聘平台的首页广告位一个月可能就要上万元，中小企业根本就承担不起。首页广告位一般都是一些知名的大企业为了吸引求职者应聘才会选择的。每个招聘平台的服务标准是不一样的，你可根据自己的实际情况来选择合适的招聘平台。

3.1.2 公司宣传优化必备项

一位学员问过我一个问题："我刚成立了一个公司，很多人都不知道，所以投简历的求职者也比较少，有人告诉我必须做好公司宣传优化才可以吸引更多的求职者。作为一个新手，对于宣传公司我并不擅长，我该怎么做好这件事情呢？"

实际上，不仅是他，很多刚成立的公司都会遇到这个问题，解决了宣传优化问题，公司才可以真正成长起来，从而吸引更多的求职者。那么，怎样才能用最低的成本实现最优的宣传效果呢？最重要的就是掌握宣传优化的必备项，主要包括以下几项，如图 3-2 所示。

图 3-2　公司宣传优化必备项

1. 公司名称

有时候，公司名称也能影响一个公司的发展，为什么这么说呢？目前有很多公司的老板还不是很重视名字的影响力，我认为，公司的名字可以决定一个公司发展的成败和可以发展到什么规模。

如果公司名称很独特，则很容易引起求职者的注意，也会容易让求职者记住。当求职者看到公司名称就想投递简历的时候，在一定程度上说明，公司的宣传优化做得比较到位。因此，在制作宣传文案的时候，必须要把公司名称放在一个比较显眼的位置，以便给求职者留下深刻印象。

2. 公司基本情况简介

求职者在投递简历之前，都会通过各种各样的渠道搜寻公司信息，以了解公司的基本情况和发展状况。所以，你可以通过设计一份优秀的公司简介为公司宣传背书。在做公司简介时，要说明公司的主营业务、公司规模、公司经营理念等。总之，在公司简介中，一定要把公司的优势列举出来。下面是我公司的简介，仅供参考。

深圳市腾联企业管理咨询有限公司成立于 2005 年，是一家从事ISO9001、ISO14001、OHSAS18000、FSC/COC、HACCP/ISO22000、BRC、QC080000、ICTI、SA8000、ISO13485、IATF16949、ISO27001、ISO20000、

EICC、BSCI、KOHLS、SQP、沃尔玛、反恐、迪士尼等验厂国际标准认证咨询；CCC/CQC、QS、RoHS、CE、FCC、VDE、GS、UL、环保等产品认证咨询；以及帮助企业提升内部管理专项培训的专业咨询公司。腾联企业管理咨询有限公司技术力量雄厚，并且拥有一支由顾问师、培训师、专家和教授组成的团队。该团队中的部分成员已经获得了国际评审员资格和国家注册审核员资格，而且都具有非常丰富的工作经验。

腾联企业管理咨询有限公司讲信誉、重质量，其专业化的咨询水平获得咨询企业及认证公司的一致赞誉。公司已与国际及国内知名的认证公司如TUV、SGS、UCC、NQA、CQC、DNV、TIRT、BSI、BVQI、MOODY、CCIC、BCC、GDQA 等建立密切合作关系，能帮助企业顺利获取任一家知名公司认证。

国际化的咨询经验：腾联企业管理咨询有限公司在珠海、中山、广州、河源设有分公司，目前拥有员工30多人，已为6000多家企业取得国际及国内权威机构的认证证书，咨询服务涉及行业广泛，包括电子信息、通信技术、五金电器、包装印刷、石油化工、建筑材料、医疗器械、设计施工、物业管理、模具、机械制造、首饰、服装皮革、塑料玩具、食品、家具、商贸等行业。

我们将一如既往地秉承"专业、高效、简捷"的经营模式和"成就事业，增值财富"的经营理念，为广大客户提供咨询服务。

3. 公司文化

公司有公司的文化，如果公司文化非常具有吸引力的话，那么求职者也很有可能想来公司工作。通常来讲，在介绍公司文化的时候，应该突出人才培养、情感关怀和团队氛围等方面。

对于大多数求职者来说，都希望自己可以在一个和谐、公平、轻松和愉快的人文环境中工作。因为在这样的人文环境中，求职者可以感受到公司对自己的重视、关注和关爱，与此同时，求职者的工作热情和责任意识都会有不同程度的提高。

由此可见，在选择公司的时候，求职者是比较注重公司文化的。这也就表示，在进行招聘宣传的时候，公司应该着重介绍自己的文化，如经常举办团建活动，工作氛围和谐、愉悦，以及有广阔的晋升空间等。

当然，除了上述三个宣传优化必备项以外，薪酬福利、公司形象和公司荣誉也是应该向求职者详细说明的。最后，必须注意的是，宣传优化要以实际情况为基础，切忌为了提升吸引力而夸大其词。

3.1.3 面试最关注的三大数据

通过招聘平台发布公司的招聘信息后，进行面试时也会产生不少数据，而有些数据需要你格外关注。例如，收到的简历总数、初试筛选人数、录取比例，如图 3-3 所示。这三项数据是你在面试时需要关注的数据。这三大数据做好了，才能顺利开展面试环节。

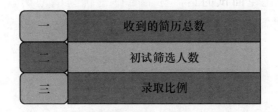

一	收到的简历总数
二	初试筛选人数
三	录取比例

图 3-3　面试环节最关注的三大数据

1. 收到的简历总数

一家公司在招聘时，遇到过这样的问题："因为公司刚成立，几乎没有知名度，在招聘平台上发布了招聘信息，不过没什么人投递简历，所以收到的简历非常少，无法满足公司的需要。人家大公司随便发个招聘信息，就能收到几千份简历，我们只能在后台搜索简历，再去主动电话联系。怎样才能收到更多的简历呢？"

收到的简历少了确实无法选择更优质的人才，怎样才能收到更多的简历呢？我认为你可以这样做：

公司首先要营造一种和谐的氛围。例如，有两个类型的公司，一类公司有零食、健身房、床，允许员工弹性工作，周末还给员工安排娱乐休闲活动；另一类是公司每天早上有誓师大会，中午吃饭之前会集体"打鸡血"。

大部分的人都喜欢前者，认为前者是员工理想的工作地点。作为刚成立的公司，不要过分折腾员工，但实际上，这也是公司对文化的一种定位。

不管是什么样的公司，是松散还是管理严格，是精英遍地还是狼群战队，这都是公司对文化的一种定位和选择，大多数公司为了活下去，只要不违法违纪，如何定义自己的文化是老板的事情。在定义文化之后，进行实践，成功的文化实践被奉为圭臬，失败的文化实践被摒弃或作为反面教材，最终形成一套能够感动员工、候选人及市场的准则。

公司定位准确了，在写招聘信息时，写清楚公司的定位，让那些想要投递简历的人对公司有一个了解，这样才能收到更多的简历。

2. 初试筛选人数

如果招聘有几轮面试的话，你需要筛选优秀的简历，至于筛选多少简历，还要看公司需要几个岗位及每个岗位的人数，然后确定通过初试的简历数。

3. 录取比例

录取比例则要看公司需要多少人才。通过复试的筛选人数，一般都是按照3∶1的比例录取，也就是说从 3 个候选人中选出 1 个人来胜任公司的岗位。作为刚成立的公司，可能没办法按照这样的比例进行录取，可以稍微降低一下比例。

3.1.4 怎么跟员工谈底薪、绩效、提成

正规的薪资结构都是由"底薪+绩效工资+提成"构成的，员工在入职前必须跟员工说清楚这些，以免员工入职之后，因不满意薪资而造成频繁离职的现象。在跟员工谈底薪、绩效、提成时，你可以这样说：

"底薪就是基本工资，这个是根据我目前对你的能力进行初步判断后定的，当然，如果你表现比较优秀，底薪是可以调整的，这个不是死规定。底薪的多少是由你的能力来决定的，所以，只要你表现优秀，就可以拿到更多的底薪。

绩效工资跟你的业绩挂钩，如果你的业绩突出，绩效工资就会多。我们公司需要你完成一定的业绩，当然不是所有的业绩都用来计算绩效，你完成了规定的业绩之后，超出的那部分业绩就算作你的绩效。公司不但考核业绩，还考核日常的工作量。如果你是销售人员，则具体考核新客户开发数、获取销售机会的数量、拜访目标客户的次数、拜访潜在客户的次数、销售利

润率和销售回款率等。

考核工作量是为了计算你的绩效工资。公司给你下达销售业绩目标，这是一个绩效考核依据，但其实销售业绩目标的完成是靠你的工作量来实现的。例如，公司规定你一个月要完成 10 万元的目标业绩，公司单个产品价格是 2 万元，每个客户只会买一个产品，那么这个销售人员要完成 10 万元的目标业绩就必须找 5 个客户，而且保证每笔都成交。

如果你每拜访 10 个客户才能成交一单，要想完成 10 万元的目标业绩，你就得拜访 50 个客户，平均每个客户要拜访 3 次才能成交，那么 50 个客户就要拜访 150 次，在这个过程中，就产生了两个绩效考核指标，每个月拜访 50 个客户和每个月 150 次的拜访量，这就可以作为绩效考核的依据。

公司可以把你的绩效工资定量部分与 50 个客户量及 150 次拜访量联系起来。如果你完成了拜访量但没产生业绩，公司就根据你的绩效数据记录分析你的绩效情况，然后对你进行业绩考核。

提成是根据业绩来计算的。如果你销售的订单多了，就可以按照比例拿到更多的提成。业绩只是你工作的结果，在考核业绩时不会考虑你在这个过程中付出了多少。说得直白一点就是不考虑你工作的过程，只看工作结果，根据你工作的结果计算提成。提成就是你的业绩乘上提成比例。"

3.2 招聘时涉及的数据有哪些

招聘也需要利用大数据来完成，这样才能更有效率，招聘人才的质量才能更高。在招聘时会涉及各种数据，如招聘计划完成率、人均招聘成本、简历初选通过率、有效简历率等。

3.2.1 实际招聘人数/计划招聘人数

有很多人问我招聘计划完成率到底怎么算。招聘计划完成率有一个公式就是"实际招聘到岗人数/计划招聘人数×100%"，可能也有些不同的公式，但都大同小异，实际和计划的对比是必需的。一般会有以下情况：

（1）公司某个月计划招聘 100 人，按照实际到岗人数来计算招聘计划完成率。

① 有的公司直接拿考核期内实际到岗人数和计划招聘人数来计算招聘完成率。例如，公司在某月计划招聘 100 人，但实际招聘到岗 90 人，那么招聘计划完成率就是 90%。

如果中途不改变招聘计划，公司再有新到岗的员工，在招聘周期内完成招聘计划，那么，招聘计划完成率就是 100%，招聘周期是自然月、自然年。因此，计算招聘计划完成率是受招聘周期影响的，否则招聘计划完成率的计算也没有任何意义。

② 如果公司在某个月计划招聘 100 人，结果在月末的时候，这 100 个人全部招聘到位了，但是有 10 个人当天上午入职，下午便因各种理由又离职了，那么，这个月的招聘完成率怎么计算？

从实际情况来看，招聘计划还是没有完成，从招聘时间节点来看，已经完成了招聘。但是员工入职后再离职，这些岗位又出现了空缺，还需要重新招聘。

因此，招聘计划完成率还要考虑员工的在岗时间。员工入职一段时间后，才代表完成招聘计划，这个时候才能算招聘计划完成率。

以上的两种情况，在计算招聘计划完成率时都需要考虑到招聘周期，而且也要考虑到如何来界定招聘完成的节点。

（2）如果公司的招聘周期为 30 天，以报到代表招聘完成的节点，来计算招聘计划完成率。

① 如果 3 月 15 日公司提出要招聘 1 人，那么截至 4 月 14 日需要把员工招聘到岗。但是，如果 3 月 25 日人员招聘到岗或 4 月 15 日人员招聘到岗，这两种情况下 3 月份和 4 月份的招聘计划完成率为多少？

3 月 25 日人员招聘到位：

3 月份招聘计划为 1 人，当月就完成招聘计划，招聘了 1 个人，那么 3 月份的招聘计划完成率为 100%。因为 3 月份的招聘计划完成后，招聘计划已达到条件中止，所以不再计算 4 月份的招聘计划完成率，4 月份的招聘计划完成率也可以说是 100%。

4 月 15 日人员招聘到位：

如果 3 月 15 日公司招聘计划为 1 人，但是直到 4 月 15 日才把人员招聘到位，那是不是就相当于没有完成计划呢？是的，因为 3 月 15 日的招聘计划完成节点为 4 月 14 日，如果在这之前没有招聘到位的话，那就不能算到 3 月份的招聘计划完成率当中。

综上所述，当月被包含在招聘周期内的，招聘计划完成率不计算或计算为 100%；当月包含招聘周期且在招聘周期内完成招聘计划的，该月计算招聘计划完成率。

② 如果 3 月 15 日提出需要招聘 1 人，那么截至 4 月 14 日需要将人员招聘到位，再设定一个条件，即 4 月份无招聘计划。如果 4 月 20 日人员招聘到位，这种情况下 3 月份和 4 月份的招聘计划完成率是多少？

3 月 16 日—3 月 31 日，包含在招聘周期以内，所以如果没有招聘到岗，3 月份的招聘完成率不再计算，如果有考核的话招聘计划完成率应该为 100%。

截至 4 月 14 日，无人员招聘到岗，代表该招聘计划没有完成。不过在招聘周期内没有完成招聘，人力资源部门还是需要进行招聘的，这时就需要将招聘重新启动，即 4 月 15 日开始又重新启动了一个新的招聘计划。所以，4 月份的招聘计划应该为 2 人，实际招聘到岗 1 人，当月的招聘计划完成率为 50%。

综上所述，包含在招聘周期内的月份，招聘计划完成率不计算或为 100%；超出招聘周期的，需要重新启动招聘计划，再计算招聘计划完成率。

③ 如果 3 月 15 日公司提出需要招聘 2 人，那么截至 4 月 14 日需要把人招上来，4 月份没有招聘计划。如果 3 月 20 日和 4 月 10 日分别招聘 1 人到岗，这种情况下 3 月份和 4 月份的招聘计划完成率为多少？

3 月份招聘到岗 1 人，虽然招聘计划为 2 人，但 4 月 14 日才到该计划的最后节点，所以 3 月份应视为计划招聘 1 人，这样的话，3 月份招聘计划完成率就变为 100%。而剩下的 1 个人的招聘计划则顺延到 4 月份，而且 4 月 10 日到岗 1 人，因此，4 月份招聘计划完成率同样也是 100%。

综上所述，如果招聘多个人，在招聘周期内不同的月份招聘到岗的，每个月招聘计划完成率都为 100%。

④ 如果 3 月 15 日公司要招聘 3 个人，那么截至 4 月 14 日需要将人员招聘到位，再设定一个条件，即 4 月份无招聘计划。如果 3 月 25 日、4 月 12 日和 4 月 20 日分别招聘到 1 人到岗。这种情况下 3 月份和 4 月份的招聘

计划完成率为多少？

3 月份的招聘计划完成率为 100%。4 月份在周期内又招到个 1 个人，招聘计划和招聘计划完成率都按 1 个人算。在招聘周期以外招到的人数，针对新的招聘计划招聘到岗 1 人。所以，4 月份在招聘周期内只招聘到了 2 个人，招聘计划完成率为 2/3=66.7%。

3.2.2　总招聘成本/实际报到人数

总招聘成本/实际报到人数就是人均招聘成本。人均招聘成本是由内部招聘费用、外部招聘费用和直接招聘费用构成的。内部招聘费用包括公司人力资源部相关人员在招聘过程中的薪资、福利、差旅费支出等。外部招聘费用包括外聘人力资源相关人员参与招聘的劳务费、差旅费等。直接招聘费用包括广告、招聘会的费用等，以及第三方中介机构的费用和内推奖励费等。

公司在进行招聘成本核算时内部招聘费用最容易被忽略，事实上，内部招聘费用也占很大的比重。有一次，在某个公司的培训中，我组织公司模拟了一次简单的员工筛选、面试流程，计算了一下内部招聘费用。在实际招聘中，有时候不可能很快就招到合适的人，需要重复两三次才能完成招聘，所以，内部招聘成本更需要被关注。

例如，某个公司的员工薪酬水平如下：公司一般员工的月薪大概为3000～5000 元，公司主管、主任、督导月薪大概为 3500～7000 元，公司经理的月薪大概为 5000～12000 元，公司高级经理月薪大概为 7000～20000元。每个岗位的人才都各司其职，每月员工的工作时长为 172 小时（21.5 天×8 小时/天），那么，这个公司的内部招聘费用核算在招聘主管时仅筛选—面试环节的内部招聘费用至少需要 1000 元。

人均招聘费用把人力资源招聘和员工薪资、人力资源保留等方面都联系起来。有些发达国家的公司会用人力资源指标做人力资源评价。这些人力资源指标也可以借鉴到公司招聘费用的核算中来。如果从动态角度来考虑这些指标，也能反映出公司的人均招聘成本情况。一般情况下，经常用到的人力资源指标有以下五个，如图 3-4 所示。

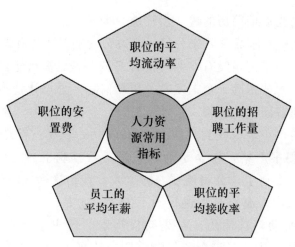

图 3-4　人力资源常用指标

　　其中，职位的安置费是指从异地招聘过来的员工或员工派遣异地工作的补偿费用。例如，搬家费、安家费、探亲费和交通补贴等。

　　有些猎头公司在报价时也会用到上述指标。例如，员工的平均年薪、职位的流动率、职位的平均接受率等，这些指标都是受工作、岗位级别等因素影响的。虽然这些指标有一定的差别，但是，如果把这些指标绩效化，就可以作为人力资源的重要指标参数。

3.2.3　人力资源部初选合格简历数/收到的简历总数

　　人力资源部初选合格简历数/收到的简历总数就是简历初选通过率。简历初选通过率这个指标为什么也很重要？初选合格的简历也不一定都是会进入面试的简历，但是简历初选通过率也是人力资源部门的一个重要指标。

　　作为一个刚刚成立的公司，如果简历初选通过率高，则意味着公司有更大的概率选择优秀的人才。例如，在筛选简历时只有 2 份简历通过初选，而公司需要招聘 5 个人，则招聘是无法进行的，而且初次筛选只通过 2 份，再次筛选时，也许一份也不合格，那公司就没办法招聘人才了。

　　简历初选通过率对后期的招聘有很大的影响，所以，如果公司收到的简历不多，在初次筛选简历时，可以稍微放宽条件，只要是符合条件的，都可以通过初选，毕竟通过简历初选并不意味着就能进入面试，只是符合条件。把符合条件的简历都纳入初选合格的范畴，这样就大大提升了简历初选通过率。然后再从这些符合条件的简历中选择优秀的简历进入面试。提升初选简历通过率主要是为后期简历的进一步筛选做准备。

例如，王老板刚刚成立一家公司，开办公司的基本工作都已经完成，就差招聘人才了，但是公司没有专业的招聘人员，王老板只能自己把需要的人才招聘进来，在一些招聘平台上发布了招聘信息，公司计划招聘 10 人，预计一个月内完成各岗位的招聘。

半个多月后，王老板收到大约 100 份简历，在初次筛选简历时，王老板就把条件卡得很严格，以至于筛选完简历后就剩下 9 份初选合格的简历，王老板这下发愁了，公司需要 10 个人，在初次筛选时就留下 9 个，这还没再次筛选呢，整个过程进行不下去了。于是，王老板请从事人力资源工作的朋友帮助筛选简历，结果初次筛选时选出了一半符合条件的简历。再次筛选时又从这些符合条件的简历中选择了 20 个人进入面试，最终招聘到了合适的人。

为什么王老板在初次筛选简历时只留下 9 份简历呢？主要是因为王老板在初次筛选简历时就按照能进入面试的条件来筛选，在这个过程中，王老板可能会漏掉一部分有潜力的人，这样就没办法保证招聘人才的质量。

所以，作为刚成立的公司，在收到简历不是很多的情况下，初次筛选简历时应给每一个符合条件的人一次机会，循序渐进地筛选简历，这样才能在招聘的过程中遇见更优秀的人才。

3.2.4 部门选择合格通知面试的人数/初选合格简历数

部门选择合格通知面试的人数/初选合格简历数就是有效简历率。有些大公司在招聘时，基本每天都会收到很多简历。为保证招聘质量和效率，人力资源部门必须高效率地从求职简历中筛选出合格的简历。当然，小公司也不例外，虽然公司刚刚成立，但是，也要保证招聘的质量。想要保证招聘的质量，首先要知道哪些简历是合格的，然后才能提高有效简历率。

什么样的简历才是合格的简历呢？通过求职者的简历，可以很容易看出求职者以往的工作经验、工作能力、综合素质等。在筛选简历时，招聘人员很容易忽视一个问题，那就是筛选的标准定位不清晰，这就导致有些筛选通过的简历仍然不符合要求，而有些优秀的简历却漏掉了，简历的合格率降低。每个招聘人员在筛选简历时可能有不同的标准，但总体来说，合格的简历应具备以下条件，如图 3-5 所示。

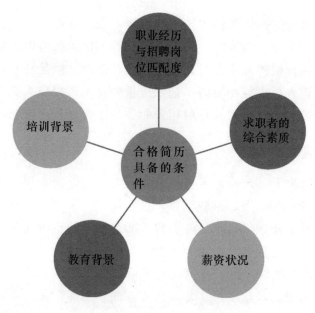

图 3-5　合格简历具备的条件

1. 简历中的职业经历与招聘岗位的匹配度

如何看匹配度呢？这就需要分析求职者从事的行业、担任过的职位、取得的业绩、教育背景和培训背景等方面。

例如，公司需要招聘一位人力资源总监，公司对人力资源总监的要求是对金融行业熟知，能够快速发现金融行业的人才。金融类人力资源总监招聘的是金融行业的人才，如银行工作人员等。因此，想要应聘金融类人力资源总监的求职者必须具备金融行业的知识，并在金融类人才招聘方面有丰富的经验。如果求职者简历中的工作经历都跟金融不沾边，或者根本没有任何经验，一看就是刚从学校毕业的学生，那么，很显然，这位求职者的简历是不合格的简历。

再如，一家软件开发公司想要招聘软件开发工程师。对软件开发工程师的要求一般是需要以往做过一些与软件开发相类似的项目，并且基本功要扎实，要有一定的工作经验，这样的求职者才能胜任公司软件开发工程师岗位。有些招聘人员可能人力资源的知识比较丰富，但根本不了解软件开发这方面的知识，这些招聘人员在招聘时，就很容易降低简历筛选的标准，也容易使一些不合格的简历顺利过关，这对于公司来说，会加重工作负担。如果招聘人员对这方面的知识比较欠缺，就需要一位有软件开发背景的人一起和招聘人员招聘。在简历筛选时，有技术背景的工作人员可以给招聘人员一些相关的建议。这种招聘方式在短期内是非常有效的，但是从长远来讲，熟知公司业务的招聘人员更能在招聘中把好质量关，如果招聘人员没有这方面的背景，公司需要专门对招聘人员做相关业务的培训，从而保证招聘的质量。

2. 求职者的综合素质

从求职者的简历中，招聘人员不仅能看出求职者的知识、技能、经验，还能看出求职者细致与否、求职动机、稳定性、对未来有没有职业规划等信息。从短期来看，知识、技术、经验等方面对绩效的影响比较大；从长远来看，求职动机、稳定性等方面更为重要。

因此在筛选简历时，除关注简历中求职者的知识、技能外，也必须同时关注简历反映出来的求职动机、稳定性等方面。当然，关于稳定性的考察，更多地需要通过面试、心理测试等手段来进行，毕竟简历中只能体现一些比较基础的内容，如逻辑是否清晰、重点是否突出及求职者跳槽的频率等。

（1）逻辑是否清晰、重点是否突出　有些求职者的简历长篇大论，将每一部分都写得非常详细，其实这样是没有必要的。对于一份简历来说，最重要的是逻辑清晰、重点突出。简单来说，该详写的部分必须详写，不该详写的部分就没有必要详写。例如，如果求职者以前工作的公司不是同一个行业，就没有必要将经历写得非常详细，因为这与新工作没有太大关系，而且审阅者在看这样的简历时也会花费比较多的时间。

这一点也能体现求职者的逻辑是否清晰，有没有突出重点。这种简历相对来说，不是最合适的。如果求职者的简历过于简单，只有公司名称和任职时间，这类求职者一般是表达能力较差。无论是以上两种简历中的哪种，都不是合格的简历。

有些求职者简历中会出现非常明显的原则性错误。例如，在简历中出现错别字，这完全是求职者马虎造成的。从这一点就可以说明求职者的态度是不端正的。如果公司招聘的是会计、出纳、文员、秘书、质检等需要工作细心的人员，这类简历显然很不合格。

有些求职者在简历中只写了以往公司的名字，而没有任何介绍，作为招聘人员，不了解求职者曾经工作的公司，在判断求职者与职位的匹配度上就增加了难度。如果求职者简历中对提到的公司有一些简短介绍，就可以进行岗位匹配。从这类简历中，招聘人员能看出求职者很强的求职动机，也能看出求职者的素质还是较强的。这类简历一般就是合格的简历。

（2）求职者跳槽的频率　招聘人员也要关注求职者简历中显示的以往公司在职的时间长短，一方面能够反映出求职者的稳定性，另一方面也能反映出求职者的适应能力。如果求职者在以往的每家公司工作时间都不长，肯定属于频繁跳槽的类型。

不管是谁，进入新环境，刚开始肯定会不适应，心态往往会出现问题，遇到问题首先想到的是逃避，跳槽就成了这些人的首选。还有一种情况就是求职者根本不清楚自己的职业定位，进入一家公司后，发现并不适合自己，就会再次换公司，循环往复，就导致了频繁跳槽。这类简历也属于不合格的简历，在筛选简历时最好慎重选择。

3．薪资状况

从求职者在简历中的薪资要求可以很容易地看出求职者曾经在什么样的职位上工作，甚至还能看出求职者的工作能力和工作业绩。

例如，求职者的目标月薪是 1 万元，曾经的岗位是销售部经理，如果招聘人员知道一个有一定规模、重视销售管理的公司的销售部经理的合理月薪是多少，也就不难判断这位求职者的工作能力和工作业绩了。

再如，求职者在简历中自称某部门总监，如果他的月薪要求是几千元，这显然很不符合市场情况。出现这种情况的原因有两点：一是求职者之前工作的公司规模不大，岗位也都是随意安插的；二是他的简历信息不真实。如果简历造假，那么，这个求职者在诚信上是有问题的。

薪资也不是决定性因素，有很多求职者往往本身很有能力，但由于各种外在原因，没有受到公司的重视，拿到的薪资也跟他的能力不相符。遇到这样的简历，你需要仔细查看，千万不要错过，如果不小心漏掉，对公司来说是一种损失。

4．教育背景

在当前时代，越来越多的求职者的教育背景与其现在所从事的行业有很大的差别，如果公司对教育背景的要求卡得非常严，或者就需要某个教育背景的人才，那么，在简历筛选时就必须把教育背景卡死。例如，IT 行业的专业性比较强，如果你不懂 IT，就很难做好这方面的工作，也无法胜任。

如果公司选择了一个具有文学背景的求职者，很显然，这个求职者是无法胜任的。

5. 培训背景

在招聘时，为什么还要看培训背景呢？求职者的培训背景可以看出求职者有没有上进心，更能看出求职者职业规划是否清晰。有些求职者简历中也列出了一些培训经历，但培训内容五花八门，从中可以看出，这类求职者的职业规划是不清晰的。求职者可能是因为培训免费而随便参加的。这类简历往往也是不合格的。

3.2.5 复试通过人数/初试通过人数

复试通过人数/初试通过人数就是复试通过率。当前，越来越多的公司意识到人才对公司成长的重要性。每年，公司都会大量招聘人才，为公司发展打好基础。但是，由于招聘中的各种问题，公司往往很难找到真正适合公司的人才，从而造成人才资源的浪费。下面分享一些在招聘过程中常遇到的问题及针对这些问题的建议。

如何提高面试的通过率呢？首先需要关注人才的来源渠道是否正规，如前程无忧、智联招聘、中华人才网等，这些招聘平台相对来说是比较正规的。

初步筛选简历后便进入面试环节，在这个环节需要注意以下事项，如图 3-6 所示。

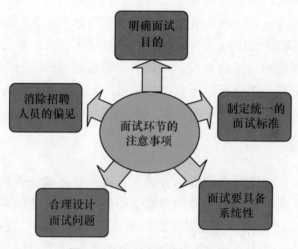

图 3-6　面试环节的注意事项

1. 明确面试目的

在面试之前，招聘人员要清楚为什么组织这次面试，以及这次面试招聘的是哪类人才等内容。

2. 制定统一的面试标准

面试标准通常会决定面试是否成功，很多公司招聘失败最主要的原因就是没有统一的面试标准。为了统一面试标准，我建议：公司可以把优秀员工的行为作为样本来统一面试标准，或者根据测评指标有针对性地对求职者提出问题，然后给求职者打分，把最后的得分作为求职者是否面试成功的依据。

3. 面试要具备系统性

有些公司在面试过程中态度不端正，整个面试流程都比较随意，这样的面试很难考察出求职者的真实水平，从而导致面试失败。

我建议：公司在面试前要制订出完整的面试流程和计划，在面试的每个环节中都能实现无缝对接。面试时根据制订的面试流程和计划来完成整个面试。面试流程和计划要详细，如面试按照怎样的顺序进行，以及每一个环节具体包括哪些工作内容等。

4. 合理设计面试问题

在设计面试问题时，尽量避免让求职者进行大篇幅自我能力的描述，主观问题也不要太多，否则无从考察求职者的真实水平。也不要设计太多选择性的问题，这样求职者很容易猜到招聘人员的意图，在回答中的真实性就降低了。

5. 消除招聘人员的偏见

公司要加强对招聘人员的培训，招聘人员需要掌握相关的面试技巧。避免把个人情感因素带到面试中去，否则就很难保证面试的公平性。例如，招聘人员个人比较喜欢哪个求职者就留下哪个求职者，而不考虑求职者的真实水平，这样的面试一般是无效的。

3.2.6　实际录用人数/面试总人数

刘老板是我在浙江做培训时认识的一个朋友。他刚刚成立了一家公司，公司在人员结构上还不成熟，也没有专门的人力资源部，所有的员工都是他自己在招聘。但由于自己是学计算机的，对人力资源不是很了解，并且人力资源会用到很多数据，这些数据让他很头疼。尤其在员工录用率这个问题上，他的公司员工录用率很低，这就导致他很难招聘到合适的员工，这个问题也一直困扰着他，于是向我请教这个问题。

实际录用人数/面试总人数就是员工录用率。对于一些刚成立的公司来讲，可能不知道怎样去提高员工录用率。我认为提高员工录用率需要做到以下几点，如图 3-7 所示。

确定员工录用资格和条件

重要岗位招聘请第三方协助

加强面试的结构化

采用 STAR 法则

录用手续办理

图 3-7　提高员工录用率的方法

1. 确定员工录用资格和条件

如果你不太确定员工的录用资格，可以参考一下这个岗位的工作说明书或公司对于这个岗位的人事政策。确定员工录用资格和条件后，在刊登招聘信息时也要写清楚，避免让很多不符合条件的人也来应聘，那样的话，简历筛选的难度就会大大增加，还有可能导致在筛选过程中漏掉优秀的人选。

2. 重要岗位招聘请第三方协助

如果你需要招聘有经验的技术人员，而这些人员工作可能比较稳定，在平时也不会关注太多的招聘信息，即使他们找工作，也不会通过浏览招聘信息的方式，那么，怎样才能招聘到这类优秀人才呢？这就需要第三方猎头公司的协助，猎头公司一般会掌握不少优秀人员的信息，通过他们的推荐，你可能很容易就找到这类人才。

通过第三方猎头公司来找优秀人才，还有一个重要的优点就是猎头公司的猎头都是经验非常丰富的资深人员，他们不但掌握某个岗位比较优秀的人才资源信息，同时还是面试甄选的专家，能够帮助你快速找到合适的人选。

虽然猎头公司对寻找人才很有帮助，但是，目前市场上的猎头公司众多，为了避免遇到不专业的猎头公司，你在寻求与猎头公司的合作时，需要事先做些考察分析，比较一下猎头公司之间各自的合法性、实力雄厚与否、历史经验、人员素质、服务流程、服务费用等，这样才不容易上当受骗。

3. 加强面试的结构化

刘老板因为不是人力资源专业出身，也缺乏面试经验，很容易招到质量较差的应聘者，给公司带来损失。他在面试中的标准也不统一，最后录用的人员质量参差不齐，整个面试工作可以说是失败的。

如果采用结构化的面试，就可以在很大程度上避免出现这样的问题，提高面试过程的有效性。那么，什么是结构化面试呢？结构化面试的整个面试程序、时间、方法、问题、表单及评分都是有统一标准的。我建议刘老板也在面试过程中采用这样的方法，当然事前对他做了一些培训。通过结构化的面试来确定合适的人选，就不会跟最初的员工录用条件相差太大，能够相对保证录用人员质量。

对于像刘老板这样刚刚成立的公司来说，一步就过渡到完全结构化面试也不太现实。所以，我建议他在刚开始时尝试采用半结构化的面试，然后随着实践经验的积累，再逐步过渡到完全结构化面试的程度。刘老板根据我的建议采用这样的方法后，员工录用率果然就提升了。

4. 采用 STAR 法则

对于不懂人力资源的人来说，对 STAR 法则可能比较陌生。STAR 法则简单地说就是"问问题"，这个环节占据面试过程的大部分。在面试过程中，如果你问的问题好，就能从求职者那里获取更多需要的信息。因此，问问题也需要一定的技巧，这也成了决定面试是否有效的关键因素。但是我见过很多面试官在面试的过程中几乎不问问题,他们最常说的一句话就是"你谈谈你的看法吧"。而实际上,这个问题并不是一个很有效的问题。如果你碰到一个特别健谈的求职者,他很可能在谈了半小时后还没有讲到你想听的内容,花费大部分时间却得不到任何有效的信息,这就是低效率的面试。如果遇到不健谈的求职者,就很容易出现冷场的状况,这种情况很容易影响面试的效果。

简单来讲,STAR 法则是情境(Situation)、任务(Task)、行动(Action)和结果(Result)四项的缩写。其中,情境指的是事情是在什么情况下发生的;任务指的是如何明确工作职责;行动指的是针对这种情况采用什么样的方式;结果指的是在这样的情况下学到了什么。

如果所提问题能让求职者的回答中包含上述四个内容,那显然,所提问题就是一个好问题。例如,有的面试官问"你谈谈你的想法吧",并不能达到这样的效果,所以它显然不能算是一个好问题。再如,"你认为你是一个优秀的员工吗?""你能接受加班吗?"求职者只能回答是或不是,这些问题显然不包含 STAR 法则中的内容。这样的问题就是封闭式的问题,求职者只能用"是"或"不是"来回答,这都不是好问题。

有的面试官问:"请列举一个你之前成交过的客户吧。"求职者听到这样的问题,很可能会详细介绍他在上一家公司的时候遇到怎样一个客户,当时客户情况是怎样的,他为了赢得这个客户做了哪些工作,最后与客户签下订单。这个回答中就包含了 STAR 法则的全部内容,求职者的答案也会比较容易信服,因为在短时间内求职者无法编造一个故事。

我们问求职者问题的本意是想了解求职者是否具备处理问题及人际交往等方面的能力,如果直接问这些问题,就又成了封闭式的问题。通过采用STAR 法则问问题,就可以间接获得更多有用信息,也可以从求职者的回答中判断求职者的能力。

所以,你在设计面试问题时,首先需要先问问自己,如果问了这个问题,求职者会怎么回答,如果你觉得求职者的回答能包含 STAR 法则的全部内容,那就是在面试过程中值得问的问题;如果不能,你就应该做进一步修改,使它变成符合 STAR 法则的问题。

5. 录用手续办理

如果经过面试后确定录用这个人,你应该及时为其办理录用手续,否则可能引发不必要的麻烦。例如，某个地区的《劳动合同条例》中就有这样的规定："用人单位与劳动者建立劳动合同关系，应当向劳动保障行政部门指定的经办机构办理用工登记手续。"该条例还规定："用人单位使用劳动者不按照本条例规定办理用工登记手续的，由劳动保障行政部门责令限期补办；逾期不办的，按每人伍佰元处以罚款。"

如果你不及时帮员工办理录用手续，将很容易造成员工的医保待遇不能享受，造成员工的离职等现象，也会导致不容易发现新进人员可能存在的多重劳动关系，从而给公司带来巨大的损失，甚至会让公司遭受法律诉讼及因竞业禁止引发的巨额连带赔偿要求。

劳动部（现为人力资源和社会保障部）于 1995 年 5 月 10 日发布的《关于违反〈劳动法〉有关劳动合同规定的赔偿办法》第六条规定："用人单位招用尚未解除劳动合同的劳动者，对原用人单位造成经济损失的，除该劳动者承担直接赔偿责任外，该用人单位应当承担连带赔偿责任。其连带赔偿的份额应不低于对原用人单位造成经济损失总额的 70%。向原用人单位赔偿下列损失：

（1）对生产、经营和工作造成的直接经济损失。

（2）因获取商业秘密给原用人单位造成的经济损失。赔偿本条第（二）项规定的损失，按《反不正当竞争法》第二十条的规定执行。"

3.2.7 实际报到人数/发出录用通知人数

有的公司员工报到率高达 90%，而有的公司员工报到率却不到 5%，为什么差距这么大？我举一个例子，大家就知道了。

我曾经合作过的一家公司，这样一组数据让我很震惊，我也很佩服该公司的管理模式。具体数据是这样的：××公司是一家连锁零售公司，这家公司的几千名员工中，有将近 70%的员工都是一线销售人员；在人员流动率高达 80%的零售行业，××公司的人员流失率却低于 20%；而在新招聘的员工中，员工报到率高达 90%。

那么，××公司为什么可以把员工报到率提高到 90%，并且让员工的流动性保持在 20%~30%这一较好的水平呢？我认为主要有以下几个原因：

1. 给员工提供各项福利

对于基层的员工来说，"看病难"可以说是一个非常普遍的社会问题，而××公司针对员工的就医问题，从员工自身的利益出发，不仅为员工建立了快速的就医通道，而且每年还为员工提供免费体检、就医的福利，帮助员工获取更多的医疗资源。

在饮食方面，××公司为员工提供了良好的福利平台，通过这一平台，员工能够以更低的价格买到放心的食品。

在居住方面，公司针对员工的租房、住房困难问题，积极地与政府部门进行沟通，帮助员工获得更多的住房资源。例如，通过申请廉租房等方式为员工提供更多住房支持。

在培训方面，××公司不仅在公司内部组织了各种培训和学习活动，还与一些培训机构等合作，投入大量资金，来为公司培养技术人才和高层管理人员。

在精神福利方面，××公司给予了员工更多的人文关怀。例如，在春节、元旦等节假日购物高峰期，店里可能人满为患，公司会在此期间给予员工更多的补贴。还有一点，由于公司在全国各个区域都有连锁店铺，如一个在北京工作的河北籍员工，他若想返回家乡工作，就可以通过向总公司提出申请，由总公司协调河北的分部接收该员工。

这种方式不但考虑到员工最根本的需求，也有效降低了公司的人才流失率，尽可能帮助公司留住每一个员工。

在这一点上，我培训过的该公司员工小李就是一个很好的例子。小李的家乡在河北，后来到北京打工，成为××公司北京某区域的一名导购。工作两年后，小李生了宝宝，为了方便照顾宝宝和家庭，小李不得不做出辞职回河北的选择。可是一旦失去工作和稳定的收入，就失去了一部分经济来源。最终，小李向总公司提出了调职申请。

了解小李的真实处境后，总公司及时批准了小李的工作调职申请，同意小李回到河北继续从事本公司的工作。为此，小李及家人都非常感谢总公司的理解和信任。回乡后，小李在下班后能够就近照顾宝宝，在上班时间又不耽误工作，而且因为心怀感激，她在工作方面更加努力。最终小李也在××公司彻底扎下了根。

××公司对员工的这种人性化管理和关怀，从根本上给员工提供了精神支柱和工作动力。如此一来，员工更不会离开这家公司。

2. 制定完善的内部推荐制度

在大多数公司，春节前后一般都是最容易流失员工的时间。在零售行业，零售公司也会担心员工过完年便不再返岗，影响新一年的业务发展。为了解决这一问题，××公司制定了内部推荐制度，员工过完年返回公司时，可以推荐认识的人到公司工作，这样还能领取一定的推荐费。这项制度有两点好处：一方面可以激发员工过年后回公司报到的积极性；另一方面还能为公司带来更多人才。

3. 不断调整管理模式

零售行业的快速发展导致一线销售人才需求量持续增加。但是在零售行业，员工的薪资待遇比较低，所以一直存在较高的人员流失率。这是大多数零售行业公司需要面对的困境。

在这个行业，除了采用员工招聘来留住人才之外，面对个性突出、吃苦能力弱的"80 后""90 后"员工来说，如何有效做好年轻员工的管理，也成为零售行业面临的一大难题。在这一方面，××公司可以说是这个行业的翘楚。公司的人力资源总监这样描述他们公司的管理原则："我们人力资源部门最重要的责任就是维护好员工的利益，爱护每位员工。"××公司的优质管理也换来了公司员工对顾客的优质服务，这也为××公司在零售行业赢得了更多的行业口碑和忠实顾客。

与其他行业一样，零售行业的核心竞争力也是人才。但是，我们都知道，零售行业的人才流动性与其他行业相比比较高。这是因为，这些一线的销售人员被安排在繁华大都市的各个区域，他们在工作过程中进出高档写字楼，与高学历、高收入和高职位的白领、金领等群体接触。而员工自身的文化程度相对较低，与那些白领不同，他们靠体力赚钱。久而久之，在他们心中自然就会形成一种较大的心理反差。因此，零售行业工作群体的流动性异常高。

××公司同样也面临着这样的难题。与此同时，××公司的管理层也很清楚地认识到：未来肯定是年轻人的天下，公司的管理模式也必须逐步转变，以适应这些年轻人的需求，否则肯定留不住人才。

为此，根据 90 后员工的实际情况，××公司不断调整管理模式，在公司的很多管理方式上都做了调整和改变。例如，我在上文中提到的"医、食、住"等关怀措施都是在这个基础上产生的。另外，90后的员工思考能力很强，他们会主动对工作和生活提出更多意见，而××公司在员工管理中也积极地采纳了很多90后提出的建设性建议。很多的90后员工无法接受公司的批评，针对这一特点，××公司也不再遵循这个原则，而是通过开通内部吐槽BBS等内部沟通渠道，让员工随意"吐槽"，大胆发表自己的意见。公司这种包容和鼓励的态度，在很大程度上帮助员工舒缓了工作压力，为留住员工，建立和谐、团结的工作团队奠定了基础。

基于零售行业工作辛苦、需要员工能够吃苦耐劳的特点，在选择员工时，××公司确实会倾向于选择那些家庭条件不太好的员工，因为他们更有吃苦精神，也更懂得珍惜工作。不过，无论背景如何，一旦进入××公司，公司都愿意付出最大的诚意，让所有员工都能真心留下来。

4. 为员工提供良好的发展之路

××公司为员工提供了良好的发展之路，帮助他们解决了后顾之忧，给他们提供了一个安心踏实的工作环境。大家都知道：只有在良好而适宜的环境下，一个人的能力才能够最大限度地发挥。而××公司为其所有员工都创造了一个优越的成长环境，不管是薪酬、激励制度还是招培管评、职业生命周期等方面都从员工的角度出发，做出长远的考虑。

其实，每个员工都希望在公司找到自己的价值，并且在公司发展顺利。对于公司而言，提高员工报到率的最好方法就是在公司内建立畅通的人才发展渠道，帮助更多员工清晰地规划路线，尽快实现自己的价值。在这一点上，××公司正是迎合了员工的意愿。根据每个员工的性格特点，为大家同时建立了两种不同的发展路线。

零售行业是一个劳动密集型的行业，公司想要长期留住人才比较困难，而××公司却凭借其对员工的人文关怀做到了留住人才。在很大程度上，××公司围绕着员工的基本生活问题来解决员工的后顾之忧。公司在与政府、学校、医院、企业等进行沟通的前提下，为员工争取到了必要的相关资源。这就解决了员工的后顾之忧，公司的这种做法也赢得了员工的信任。

通过对这些问题的解读，就能知道为什么××公司的员工报到率很高了。××公司对"医、食、住"等现实问题的切实解决、合理的晋升通道、从员工的角度考虑问题、真正将年轻一代员工的需要放在心上等管理办法，都是让员工愿意加入公司的重要原因。

第4章 不是努力不够，而是不懂投放数据

有的人认为："我已经很努力地在经营公司了，为什么公司的发展还是不尽如人意。到底是哪里出了问题呢？"在当今的时代，不是你足够努力，公司就能发展很好，你要学会适应当前的时代，利用大数据来掌控公司的发展。现在，很多公司也开始利用大数据做一些精准的投放，如果你不懂怎么利用数据去投放，那么你的公司就无法跟其他公司竞争。

我曾经分析过这样一组数据：每天早上9点到下午7点是人们用计算机上网最多的时候；而在晚上8点到第二天凌晨2点的这个时间段，移动互联网流量占到了80%。与工作时间段的计算机上网流量相比，用户的浏览、搜索、购物和支付的行为更多是在移动端完成的，这80%的用户所产生的广告价值剧增，显然用户的落脚点已经在手机移动端了。如果你能根据用户习惯来制定方案，从而把更多的投资转向移动端的广告支出，那么，对公司的发展会很有帮助。

4.1　利用大数据说话

以我为某公司用户所定制的投放策略为例，讲解如何用最低成本投放最高效、最精准的流量。首先，我通过大数据算法对用户进行精准的识别，有效锁定了目标用户群体，然后，我再根据成本预算，筛选出最适合的资源进行精准定向投放。其次，在投放过程中，我持续回溯用户人群画像、投放效果等数据，在投放的过程中，不断优化投放策略，让数据投放效果达到真正的高曝光、高精准传播及高用户转化。

4.1.1 利用大数据做好用户定位

我们都知道，不管什么公司，都是通过向产业链下游提供产品或服务获得社会认可或收益的，这就是我们所谓的用户。如果公司的产品或服务不能精准地满足用户的需求，公司就没办法在行业中立足，也无法实现自身价值。所以，如果你提前对这个用户群体有一个清楚的定位和了解，然后，根据公司自身的实力，有针对性地向特定的用户提供特定的产品或服务，这些特定的用户就是你定位的目标群体用户。

目前，我们都处在一个大数据环境中，不管做什么都离不开大数据的支持。我们做用户定位也是一样，用数据来支撑，你可以更精准地去定位用户。那么，有人就会问："怎么用数据做好用户定位呢？"我认为，用数据做好用户定位，需要掌握以下几个关键点，如图4-1所示。

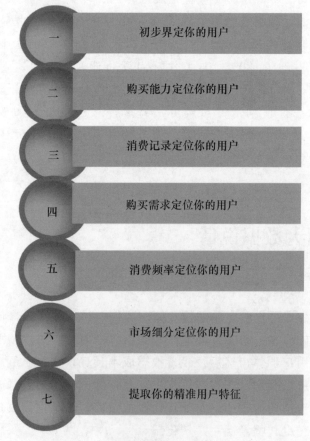

一　初步界定你的用户

二　购买能力定位你的用户

三　消费记录定位你的用户

四　购买需求定位你的用户

五　消费频率定位你的用户

六　市场细分定位你的用户

七　提取你的精准用户特征

图 4-1　用数据做好用户定位的关键点

1. 初步界定你的用户

不管你的公司做什么，都是一种营销，而营销首先就是定位目标用户群体。例如，你寻找心仪的另一半，想通过婚恋网来发布广告，这个时候，你就会根据心中的定位写出心仪对象的各项要求，如身高、学历、工作、家庭等。这是一种很简单的定位，不用复杂的数据。再如，你的公司是做服装零售的，这个时候你就需要根据数据来定位你的目标用户，如服装适合什么年龄段及哪几款衣服销量比较好等，这些都需要从数据中得来。

在初步界定用户时，你可以采用以下的方法：

（1）用户的内在属性　用户的内在属性由内在因素所决定。例如，性别、年龄、信仰、爱好、收入、性格、价值取向等。

（2）用户的外在属性　用户的外在属性受外界的影响比较大。例如，用户的地域分布、用户的产品所有、用户的组织归属（企业用户、个人用户、政府用户）等。这种分层通常来说是最简单直观的，数据也是最容易得到的。

如果你清楚地了解了用户的属性，那么基本上可以界定出目标用户群体。目前，这只是对目标用户的基本定位，还不够精准，需要你进一步缩小用户范围。

2. 购买能力定位你的用户

用户只有具有购买公司产品或服务的能力才会成为你的用户。如果用户不需要你提供的产品或服务，也没有能力购买，那就说明你在定位目标用户时方向是有问题或偏差的。如何去看用户的购买能力？还是需要数据来分析。用户的购买能力一般通过用户的收入或平均消费水平及是否购买过大额产品或服务来界定。例如，你的公司是专门为高层人员提供服务的，那么，在分析用户的购买能力时，你需要分析同行业公司用户或你的公司以往用户的收入水平和消费水平。如果分析出用户群体都是消费水平在几万元甚至几十万元的用户，那么，一个年薪百万元的公司高管就可能具有较强的购买能力。

3. 消费记录定位你的用户

如果你想要知道用户的购买习惯，那就要看用户最近的消费记录。营销大师菲利普·科特勒（Philip Kotler）曾说："推断用户消费习惯的方法是观察用户过去的购买记录。"只有找出用户的购买需求，你才能知道该把产品或服务提供给谁。

用户的消费记录与经历代表了用户对你的公司产品类别的认知及对产品的需求，你可以根据这些预测出用户购买你的产品的可能性。在分析用户消费记录时，你可以分析这几个方面：用户是否购买过与你的产品同类的产品、相关联的产品、互补的产品（例如，西装与皮鞋是互补的），以及是否购买过你的竞争对手的产品。

从用户的消费记录中，你可以很容易挑选出那些对你的公司有所了解，不需要常识教育的用户，这大大节省了你再去向用户介绍产品或服务的时间。你需要注意的是，如果一个用户对你的公司完全不了解或没兴趣，那么把公司的产品或服务推销给他是非常浪费时间和不值得的。

4. 购买需求定位你的用户

用户为什么会购买你的公司的产品或服务呢？因为他们需要。如果用户没有这一方面的需求，他们一定不会购买。因此，用户的需求决定了你的定位。

如何分析用户的购买需求？用户的购买需求可以从用户的消费记录和用户关注的焦点中看出来。你可以通过大数据分析出用户是否买过同类型的产品或服务。如果用户曾经购买过你的竞争对手的产品或相应的替代品，那么用户在这一方面肯定是有需求的。如果用户比较关注某一产品的性能、特点、评价，那么他一定对这个产品有需求，而这些都是可以利用大数据来分析的。

5. 消费频率定位你的用户

如果用户的消费频率比较高，那么，用户的价值就比较大。你需要锁定高消费频率的用户，这样，你才更容易精准定位用户。如果这个用户经常购买这款产品或服务，那么，他对这种产品肯定也有很深入的了解，你需要做的就是把你的产品价值展现给他看。

同时，消费频率的高低还能反映用户对此类产品或服务有无偏好。而通过用户的消费频率数据你就可以分析出用户对哪类产品或服务是有偏好的。如果你知道这些，就很容易选准用户。用户的消费频率可以从相关的消费记录中看出，获取这些消费记录最好的方法就是提供一个有奖调研，同时你还要多关注行业内的信息与数据。

6. 市场细分定位你的用户

做市场细分的目的就是把你的关注点聚焦在最容易给你的公司带来效益的用户群体身上。市场细分可以帮助你规避同行业的竞争，在细分的区域里，你更有竞争优势。

上述 5 个关键点能帮助你基本定位目标用户群体，但是如果还想知道这些用户是否认可你的产品或服务，你必须通过市场细分来锁定用户。通过市场细分，形成公司独特的竞争力。你能够精准地选出那些对你的产品性能或服务特点认可并支持的人。

刘老板的公司从事学生英语培训与家教服务，在英语培训领域，他是菜鸟，面对日益激烈的竞争，刘老板总是处于不利的位置。在家教领域，他虽然经营了 5 年，但一直不愠不火。

怎么寻找突破点呢？这个问题一直让刘老板很是头疼。他根据传统的思维来定位用户群体，好像并不准确。于是，他向对数据分析很擅长的朋友请教，朋友用大数据根据公司的特点定位了用户目标群体，最终确定了一个细分的家教市场：大学生英语家教。

刘老板通过免费向大学生提供每天早上的口语培训，迅速地吸引了一批热爱英语与渴望学习英语的大学生。紧接着，刘老板推出了"英语家教"训练班，保证 100%上岗，让每位学生学以致用，在教学中锻炼并成长。而面向家教市场，刘老板打造了"全市唯一系统训练、持证上岗的英语家教中介"这一细分的独特卖点，迅速在该市家教市场引起强烈反响。细分市场的目的就是找到最尖的矛，把力量聚焦于一点，快速地打开市场突破口。

7. 提取你的精准用户特征

提取用户的特征，有助于你清晰地知道谁是有价值的用户。通过以上 6 个关键点细致地分析，你已经能够把握用户的细致特征。你必须把用户的特征提取出来，方便后面更加精准地营销。

在提取用户特征时，你还必须做这两件事情：

第一件事情就是分析你的老用户。你可以通过曾经服务过的用户，挑出几个模板用户进行分析，总结出用户的共同特点。例如，年龄、爱好、消费记录、活动场所等。

第二件事情就是分析你的竞争对手的用户特征。你需要分析竞争对手的用户的哪些方面呢？例如，用户组成、用户特点、用户单价等，结合你的公司的细分市场与用户特点，分析出自己的用户特点。

通过以上的用户分析，现在你就可以利用数据精准定位你的用户。例如，你通过数据分析出你的公司产品适合 30～40 岁的中高层收入用户群体。根据这个定位，你就可以把公司的产品或服务有针对性地推销给有需求的用户。

4.1.2 利用大数据提升 ROI

开公司的目的就是获得经济效益和回报，而利用大数据可以有效提升ROI（投资回报率）。目前，我们已经进入跨渠道超定位的营销时代。数据库不仅能精准定位，还能直接反馈活动，被用于品牌活动。提升 ROI 的途径就是为用户提供的个性化不只局限于产品和服务，而是针对独立个体给用户带来品牌体验。在这个过程中，我认为最重要的一部分是如何利用大数据来了解用户群体，为用户带来独特的体验。这样，你才能获得更丰厚的回报。

对于大部分公司来说，营销最有效的方法是利用目前现有的用户数据，去做未来用户的定位。这听起来可能很简单，但是在实践过程中却存在各种困难。例如，数据匹配精确度较低、单独依靠线上活动把用户错误细分、有些公司根本就没有设立可用的用户数据库等。甚至就算恰当地组织好用户数据，一些广告主在线上线下的匹配率也很低，简单的性别识别只有 50％的准确度，更别提挖掘用户更深的属性。

如果你通过丰富的数据积累，借助强大的媒体数据挖掘系统和科学算法为特定的用户贴上可识别、可适配的"标签"，将流量细分并进行适配，在成本的可控范围之内筛选符合的用户，并结合用户的需求和投放效果优化资源组合策略，就能保证最大化地把公司的广告推送给合适的人群。

我认为，你必须以一个简单和通俗易懂的方式去存储用户数据，然后仔细挑选最可靠的数据来源或数据供应商，完善每个用户的个人资料。例如，你可以利用邮件、微信、短信等线上线下多营销渠道帮助公司完善用户数据，建立统一的用户数字身份，这样可以帮助公司进行精准的跨渠道定位，从而提升 ROI。

为了带来持续而精确的用户数据匹配、分析和定位，以下有 5 个关键点：AESMA，如图 4-2 所示。这 5 个关键点可以帮助你把有价值的第一方数据转化为一个高竞争性的用户定位策略，从而提升 ROI。

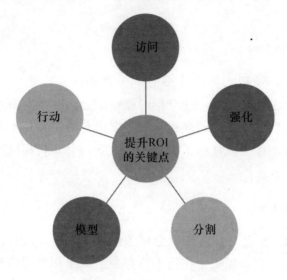

图 4-2　提升 ROI 的 5 个关键点

1. 访问（Access）

你可以有选择性地访问用户数据，最理想的情况就是使用一个数据仓库。如果你想要提高数据的匹配率和准确性，如名称和地址等，我认为，你可以利用邮件、短信、微信等跨渠道的用户数据共享，完善用户数据及提高数据的精准度，开展精准营销。

2. 强化（Enhance）

可靠的数据供应商提供的数据匹配率都在 50%以上。现在的数据提供商一般都是通过使用名称和地址匹配来统计用户数据的。在必要的情况下，你可以找一些可靠的数据供应商。但是，如果单纯考虑效果的话，我认为，通过公司品牌的自身营销，如品牌邮件营销、短信营销、微信营销等多渠道来获得一手数据，从而做到更精准分析。

3．分割（Segment）

你可以建立一个分割框架。首先，划分本地数据，让数据更直观、更专业。其次，你可以通过第三方数据进行数据分割。两种数据分割方法可以为企业更深入地了解现有用户提供更广阔的空间，甚至帮助企业锁定未来目标人群。

4．模型（Model）

通常情况下，使用大数据分析的一个弊端就是：我们会获得太多的数据，如果数据还很杂乱的话，在分析时就可能会遇到一些麻烦。如果你创建一个模型，就可以剔除无用的数据，重点突出与确定目标定位人群相关联的有效数据。例如，如果你使用了居民收入数据，财富指标就不会再出现在你的数据模型中。

5．行动（Action）

在进行数据分析之后，在数据分析的结果中，你没有充分地利用这些数据，没有用到实践中，那么工作也不算完成。如果你使用的是模型输出，可以采用多渠道的方式来做数据分析。当然，大数据渠道可以使用更多的定位参数，如社交媒体和电子邮件等。如果你利用户外、电视和电台等渠道，你就需要精准定位目标用户。

××公司是一家跨境电商，之前，该公司习惯把一定比例的营业投入用于市场营销中，但在新的市场环境下，公司的方式受到了冲击。为了提高公司的竞争力，公司领导想要调整公司的战略方向，但是怎么调整呢？

有些区域经理希望通过增加资金的方式，联合零售商，共同进行线下推广，增加产品的销量。而有些区域经理希望直接跟消费者接触，促销的方式只对零售商有利，直接接触消费者可以扩大公司的影响力。还有的人认为，公司应该与政府人员合作，用政府人员的影响力来扩大公司的影响力。针对这种情况，我提出了3点建议：

（1）在促销之前，制订明确的目标，并制订出测评目标。制订完善的测评计划，从而确保促销活动的顺利进行。

（2）收集不同企业的数据，按目标将所有促销活动分类，建立清晰的数据模型。建立目标与收益之间的联系。

（3）根据数据分析结果，制订更合理的营销方案。

4.1.3 利用大数据做产品创新

处在大数据的时代，越来越多的公司发现，利用大数据了解用户需求并做产品的创新才能在同行业中更具竞争优势。如果产品创新没有做到位的话，一大批新产品流入市场后会惨遭挫败。

许多公司利用大数据精确定位用户的需求，根据用户的需求为用户量身定制新产品，提高公司的整体实力。你可以利用大数据挖掘并分析用户的大量需求信息，用以改进下一代产品和服务。你可以利用的数据如呼叫中心服务工单、保修记录、用户在线评论、微博、互联网搜索分析、位置信息服务等。

著名调研分析师托尼·贝尔（Tony Baer）曾说："用户情绪分析是大数据和产品开发最有效的方面，公司通过密切关注社交媒体帖子、Twitter 消息及其他在线信息来了解用户的需求。"基本上将互联网变成了世界上最庞大的用户情绪分析专题小组，在各种问题被发现之前规避风险。

一家计算机公司看到网上用户评论表示自家的笔记本式计算机存在过热的毛病，发现这个问题后，公司从各方面找原因，原来是高级用户将外接显示器直接连到笔记本式计算机上。用户必须在关掉屏幕的前提下才能这么做，这样就挡住了排风扇，从而导致笔记本式计算机过热。了解这个问题的根源后，公司及时更改这款笔记本式计算机的设计，解决了这个问题。

我认为，如果将来自用户关系管理数据和公司关系管理系统的传统数据结合起来使用，再加上一些非结构化数据就能在数据分析中发挥最大的作用。

例如，一家公司的主打产品出现销量下滑的现象，为解决这一问题，该公司利用用户情绪分析工具查看自己的 Twitter 消息和 Facebook 页面，发现用户特别提到一款新的竞争产品添加了新功能。于是，这家公司分析了用户关系管理记录，结果发现产品缺少某个功能是退货的主要原因。公司立马给自己的产品添加了相应功能，销量也随之回升。

许多公司有大量的内部数据，但是有的公司可能没有专门的数据分析师，虽然有数据，但是没有利用，不会用来进行对产品的指导创新，这对于公司来说，也是一大损失。

再如，航空公司可以从顾客购买机票时选择座位中获得大量宝贵信息，如他们是不是宁可用伸腿空间来换取靠窗座位。如果航空公司能够留意顾客如何挑选座位，哪些位置的座位受顾客所欢迎，公司就会发现一些模式，从而可以建立不同的飞机内部布局。

呼叫中心很容易洞察用户，拥有很多大数据。许多公司会记录下用户的对话来收集数据。有些科技比较先进的公司会直接把通话记录自动转录，从这些数据中寻找推出新产品或改进旧产品需要的信息，从而最大限度地满足用户需求。

有些人认为："大数据创新就是在社交媒体上看看消息，简单解读一下就可以了。"事实并非如此。首先，你必须把注意力放在合适的数据上。对于这个问题，很多公司还没有认识到，有效利用大数据的关键不是去使用这些数据，而是对这些数据流进行深入的分析，从而获取最有价值的信息。

其次，大数据产品创新还需要达到内部协调。例如，把用户服务部和市场营销部的数据结合起来，从更深入的数据流中找出产品创新的有用信息。但是，每个部门的分析标准不同，还要根据部门间的实际情况考虑。

如果你想扩大数据的应用范围，就必须从多个角度来考虑产品创新的方法。从整个产品的生命周期入手，才能发挥最大的作用。目前，很少有人能做到这一点，如果你这么做了，就会发现比别人有更多的机会。例如，对于汽车行业，如果你只在汽车出现故障后才分析设备，那么，汽车永远都是这种模式；如果你能从汽车生产到销售的整个过程来分析，就很容易做到产品的创新，增强产品在同行业中的竞争力。

4.1.4　利用大数据做服务创新

利用大数据，你不仅能做产品创新，还能做服务创新。对于一些以服务为主的行业或公司来说，做好服务创新，就能为公司赢得更多的用户。

如何构建完善的服务体系，我认为只有把主观数据与客观数据结合起来运用，才能形成更加完善的服务体系。

例如，航空服务行业。客观数据包含从地面到空中整个过程中所有的数据，如机型、飞机的新旧、座位布局、间距、航班是否靠桥等数据，通过这些客观数据，你可以正确评判一个民航公司或一个机场服务的硬件是否符合标准。主观数据指的是用户对服务的评价，来自于用户点评的各种信息。如果民航公司投入的每一项服务成本都能得到旅客的支持，那这项投入也是有价值的。

在收集服务数据方面，目前有些民航公司通过用户主动的意见反馈和点评及内部员工反馈制度来收集数据。美国一些民航公司通过第三方来收集数据。但是，现在的数据收集也存在很多问题。例如，大型的民航公司做旅客调查问卷，可能需要几个月甚至更长的时间才能完成问卷的收集，各民航公司的服务标准也存在差别，在进行数据比较时存在很大的困难。

据美国有关数据表明："目前民航旅客服务评测系统已经覆盖 4 万多个航班相关的客观数据，未来民航业还将引入新的航班评测数据，目标是覆盖大部分的中国旅客。"值得一提的是，这里所说的评测系统致力于建立和实施规范、整体、科学的服务管理和质量考核系统，通过大数据分析，提升民航业的安全和效益。

××航空公司在用户端 App 上面开创了航空业大众点评服务，这一项服务获得了良好的用户口碑，目前该公司收集了近十万条用户点评意见和建议。公司希望能通过用户的真实反馈，不断地完善公司的服务。该公司的负责人介绍："旅客订好机票后，就可以针对航班、购票体验、乘机服务、餐饮服务等进行点评，旅客的这些点评就会形成数据，通过对这些数据的系统分析，再把分析结果反馈到相应的部门，以进一步改善服务。点评服务替代了传统的电话回访及纸质问卷调查，从而使收集的数据更加准确，也提升了数据收集的效率。"

移动互联网快速发展的同时，呼叫中心的传统话务量也开始向线上服务转变。为了顺应时代潮流，该航空公司把微信在线、PC 在线、App 在线及微博等社交媒体应用全部融合在一起，形成统一回复模式，并设置了机器人客服。除此之外，公司为打造个性航班，还推出了空中私人定制服务，为有创意、有想法的旅客提供服务如空中求婚和空中纪念日等。公司还推出了一些动漫主题航班、COSPLAY 航班，邀请演奏家为空中乘客演奏最终幻想等服务，公司在服务上的一些创新举措也获得了用户的深度认可。

4.1.5 利用大数据创新营销模式

大数据时代的到来彻底颠覆了传统的市场营销模式和理念，公司的整体性发生变革。如果你想要在大数据时代仍能占领一片市场，就需要从整体的营销模式上进行改变。接下来，我会通过大数据时代的营销特点来说一下在大数据时代公司的创新营销模式。

在大数据时代，营销都有哪些特点呢？我认为，有以下几个特点，如图 4-3 所示。

一　用户成为主导者

二　满足用户的个性化需求

三　定制全渠道接触点

四　弹性化的定价

五　品牌表里如一

图 4-3　大数据时代营销的特点

（1）用户成为主导者　传统的商业行为通过搜集市场信息了解用户的需求，然后通过这些信息来帮助公司做研发、搞生产，再进行营销、推广，最后让用户接受。

例如，有一家服装销售公司，服装销售以往的工作流程是：选定产品、寻找买家、生产及促销，唯一变化的就是当产品积压的时候是通过打折或压迫经销商完成销售额来解决产品积压问题，这是典型的传统由内而外的经营模式。但是在信息化的大数据时代，这种传统的营销模式已经无法进行下去了。因为在大数据时代赋予用户前所未有的主导商业的力量。商业的未来是由用户来决定的，而非经销商。有数据调查显示：75%的用户已经不再相信商家所做的广告，他们会主动去收集产品的信息，进行比价和筛选，从中挑选更出众的产品。

仍以服装行业为例，现在的消费者已经开始主动要求他们所需要的款式、质量、设计，甚至服装的折扣比例等。个性化的消费者掌控了消费行为之后，他们会通过社交媒体、网站、论坛等渠道表达个人的意愿。从这种现象来看，用户实际上已经成为影响公司产品设计、生产、销售，甚者决策、战略等各方面的主导者。

（2）满足用户的个性化需求　现在的 90 后、00 后已经成为消费的主力，他们的消费行为更加个性化、多变化，不会再忠于某个品牌。在整体的销售过程中，如果公司的产品不能最大化地实现用户的价值，最大化地满足他们的个性化需求，那么他们很容易从销售过程中脱离。

传统的营销模式都是按照行业划分的，对于同一行业的公司来说，采用的营销模式可能是相同的。实际上这种现象根本就不符合现实，因为每家公司都想有独特的定位。因此，在大数据时代，公司必须针对消费者的个性化需求来创新营销模式。

（3）定制全渠道接触点　大数据互联网时代，公司由于消费者的多接触点引发了渠道冲突。对于比较活跃的消费者而言，他们会在线上、线下、虚拟、实体之间来回转移，在购买过程中可能需要多个环节来完成。如果公司在消费者的购买过程中有一项服务做得不好，就很容易失去消费者。

对于公司来说，主要在 4 个方面存在问题：线上渠道冲击了传统渠道；多渠道模式与传统供应链的冲突；弱化电子商务的真正价值；产品设计部门对消费者的洞察力不够，其他部门没有话语权。

（4）弹性化的定价　公司最核心的战略是产品的定价，公司要实现的目标就是个性化的定价。在大数据时代，购买渠道的多样化、物流运输的可视化，为定价的个性化提供了条件。

例如，你长期青睐于某个品牌的产品，有自己独特的习惯和要求，每次到不同地方的连锁店，只需要一张会员卡，就可以满足自己的需求，而且该连锁店会根据你的用户忠诚度为你设定合理的价格。具体来说，如果你几天连续光顾，价格就会有所下调；如果你一段时间没有光顾，公司会给你发放优惠券来吸引你。例如，在一周内连续消费，可以享受 8 折优惠；但是如果你消费的时间间隔过长，再消费的时候就会发送小额优惠券。

（5）品牌表里如一　品牌代表了公司的整体形象，公司用品牌把自己展示给用户。传统的品牌营销关注的只是公司形象。但是在大数据时代，几乎所有都是透明的，以前用户有不太好的体验，或许只能自认倒霉；但现在用户只要一条微博，就可以在短短的时间内让全球的人都知道某个公司、某个产品、某项服务的承诺没有兑现。

同时，公司的品牌不是短时间内就建立起来的。实际上，每个员工对公司文化的认同感、抱怨都可以通过自媒体传播开来，这相当于公司的每一个员工都是公司的公关，都可以塑造公司的品牌形象，构建品牌的力量已经成为每一个员工的权利。

如果公司还是一味地关注自身的形象，而忽略了品牌，可能就会导致公司不停地忙于危机处理。大数据时代的市场营销是把双刃剑，品牌表里如一才是新时代的营销趋势。

前面我简单地阐述了大数据时代营销的 5 个特点，那么，在大数据时代，公司该怎样创新营销模式呢？

（1）个性化营销　利用大数据可以分析消费者的消费行为与特点。你只有拥有足够多的数据，才能精准地分析出消费者的消费特点，你需要做到比消费者自己更了解消费者，这是利用大数据分析的前提。虽然传统的营销模式也是以消费者为中心，但公司不能及时全面地了解消费者的需求，只有利用大数据，才能精准地分析出消费者的需求。

在当今时代，消费者的消费行为更加个性化，以最大限度地满足自身的需求。所以，在市场营销活动中，你要注意消费者的心理需求变化，根据消费者的需求，有针对性地开展服务，从而提升公司的竞争力，推动公司的发展。

（2）实行精准营销　很多公司都想做到精准营销，可是不但没做到，反而出现了反作用。为什么会出现这种状况呢？主要是因为传统的精准营销并不精准，因为它缺少用户特征数据支撑及详细准确的分析。但在大数据时代，通过大数据分析可以让公司更加清楚产品用户的特点。

在互联网时代，公司希望把"粉丝"变为自己的潜在消费者，于是，从多个维度对潜在消费者进行画像，更加精准地分析消费者的特点。利用大数据，可以精准地分析"粉丝"的活跃度，把潜在消费者的数据与会员数据关联起来，从这些数据中筛选有价值的数据信息。

（3）整合线上线下营销　公司线下实体店与线上电子商务渠道经过一段时间的磨合形成了新的 O2O 模式，这种模式把线上的消费者带到线下实体店中去，通过线上支付购买线下的产品，从线下享受服务。这种营销模式实现了线上虚拟经济与线下实体店经营的融合，这也是新互联网时代发展的必然结果。

（4）建立互动反馈平台　现在有很多公司都问：在公司的用户、好友、"粉丝"当中，怎样才能知道哪些是最有价值的用户？在大数据时代，或许这一切都可以更加有事实支撑。从用户访问的各种网站可判断其最近关心的东西是否与你的公司相关；从用户在社会化媒体上所发布的各类内容及与他人互动的内容中，可以找出千丝万缕的信息，利用某种规则关联及综合起来，就可以帮助你的公司筛选重点的目标用户。

通过对大数据的分析，然后预测消费者的产品需求并向其提供推送服务，当然也需要根据消费者的需求提供针对性的体验服务。互动反馈平台给公司提供了一个准确了解消费者需求的视角，通过平台的沟通和磋商，公司也可以根据这些信息对营销方案进行调整。

4.1.6　利用大数据帮公司拉订单

李老板非常喜欢各式家居，于是就自己创业开了一家家居销售公司，但之前一点相关经验都没有。李老板根据自己喜欢的风格进了一批家居，但无奈一个月过去了，店里一单也没有开，李老板很郁闷，也不知道哪里出了问题。有一天上网浏览，发现很多人都利用大数据来探测市场行情，了解消费者的需求。于是，李老板找到一个专业的数据分析师，分析现在的家居行情及用户的喜好。然后，李老板根据数据分析结果有针对性地进货，很快李老板就开了一单，并且销量越来越好。在之后的公司运作中，李老板越来越喜欢用数据来掌控市场，不管是公司的销售数据还是市场的数据，李老板都善于利用。最终，李老板的生意越做越大。

处于大数据时代，到处都是数据，只要善于利用，就一定可以帮助公司拿下更多的订单。那么，有人就问了，怎么利用这些数据呢？下面，我谈一下我的看法，如图 4-4 所示。

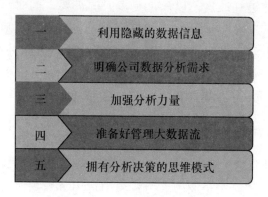

图 4-4　利用大数据拉订单的方法

1. 利用隐藏的数据信息

有的公司有很多数据，但是不知道怎么利用，导致数据的浪费。也就是说，公司已经拥有了一些隐藏在数据中的信息，但是没有意识到这些信息，更别说加以利用了。如果你不懂得把这些数据收集起来做进一步分析，那你的公司也跟不上数据时代的潮流，最终的结果就是被淘汰。

为了避免这种结果，你需要学会利用隐藏的数据信息，将它们进一步分析，然后为你所用。通过数据分析来增强公司的凝聚力、影响力和合作力。正如美华集团业务开发和市场营销高级副总裁塞西尔·霍布斯阐述的那样："我们收集信息来识别社区当中网络、个人的影响力，以及对团队的影响。这是一种弹性的解决方案，为工作中的关键联系提供了微观和宏观两种角度。"他指出，影响力并非"权威"的必要组成部分。

例如，××公司为了更好地利用数据，开发了社交平台软件，它可以为数以百万计的用户绘制网络地图。社交平台软件从电子邮件流量中收集且分析元数据和标题信息，包括发件人、收件人和时间标记（但不是电子邮件内容本身），来识别个人的通信网络。通过进行先进的分析，公司可以获得一些识别信息中介人和信息瓶颈的定性方法。

公司可以构建一个描述性数据分布图来识别信息中介人，把他们的网络和电子邮件数据、敬业度和其他技能数据放在行为信息中，精准地分析出使用社交软件的个人偏好及对这款社交软件的评价。根据评价及用户的喜好，公司再对社交软件进行改良，以满足更多人的需要，同时，公司也可以获得更大的利益。

有数据分析表示：有 25%的公司员工可以胜任数据分析，有 17%的公司通过外部员工来做数据分析。47%的公司正在培训员工做数据分析。数据调查的结果表明，人力资源是公司运用大数据发展的最重要因素。

2. 明确公司数据分析需求

××公司的最新研究称，人力资源专家在创建和塑造数据分析人才时发挥了重要的作用。如何在企业的人力资源中运用大数据？首先要明确公司数据分析目标，通过这些数据来建立人力资源部门的评估指标，进而准确评估员工的能力，再根据评估结果确定部门未来的发展方向。

3. 加强分析力量

采用培训的方式让公司内部更多的人懂数据分析，这样，公司的员工在业务中才会知道如何运用大数据来拉订单。在培训时，你应该把培训重点放在如何使用数据更好地做出决策上，而不是只关注数据分析的工具和技术，尽管工具和技术也很重要。

4. 准备好管理大数据流

大数据的主要关注点在"大"字上。如果公司想要收集庞大的数据信息，就必须先把基础设施做到位。有的公司有数据分析的能力，有的公司没有。因此，收集大数据之前，你必须要清晰公司的实际情况，针对这些情况确定工作内容。

5. 拥有分析决策的思维模式

有的公司会根据经验或本能来做决策，如果你想要成为一个利用数据做营销的公司，不仅要提升能力，更重要的是要改变看问题的方式，在理解数据的基础上做出决策。

4.1.7　滴滴是怎么利用大数据的

从车辆密度来看，中国在世界上的排名为第八位，中国的车辆密度相当大，尤其是上下班高峰期的拥堵已经成为家常便饭，如果靠增加车辆来解决问题的话，只能让问题更严重，最有效的方式就是实现车辆共享，通过车辆的共享平台来解决交通拥堵问题。滴滴就是这样一个共享平台。滴滴通过出租车起家，然后延伸到快车，再到专车，用户使用最多的就是专车。滴滴把乘客和司机联系到一起，成为一站式、多元化的豪华专车等多种出行需求的平台。

截至 2017 年 4 月，滴滴的日订单量超过 2000 万个，有 4 亿用户在使用滴滴平台。在社会价值上，滴滴提升了出行效率。平常开车的上班族，在上班的途中就可以实现同一路线乘客的共享，方便他人的同时，也给自己增加了效益。同时，通过顺风车或拼车减少车辆需求，从而减少二氧化碳的排放，保护环境。

　　滴滴的大数据是如何产生的？滴滴平台通过每一辆车每几秒钟传递的GPS 信息来获取数据。GPS 信息记录的是车辆的轨迹数据。在中国，滴滴现在每天新增数据量是 70TB，每天处理数据高达 2000TB，每天路径规划90 亿条以上。通过 GPS 系统精准、快速地定位乘客和司机的位置。对于滴滴来说最重要的是在大数据中获取有价值的信息，从而提升用户出行的效率，增强用户的体验，增加用户的安全度。滴滴平台的成功在于大数据的灵活运用。滴滴平台把大量的数据信息进行进一步整合与细分，通过复杂的大数据计算，做出精准决策。

　　ETA 是滴滴平台一个非常关键的功能，计算的是 A 到 B 需要的大概时间。例如，你想在 8 点之前到达工作单位，打到车的预计时间，司机所在的位置都能显示在平台上，你可以根据预估的时间选择是否乘坐滴滴快车。

　　智能分单就是乘客选择司机的过程。通过智能分单可以精准估算在 3 公里以内哪个司机离你最近。其次就是预算到达目的地你需要花费多少，车费一般由距离和时间来决定，通俗地讲就是从起点到终点的路程。虽然很简单，但每秒却需要成千上万个复杂的计算，然后精准地预估出车费。如果在这个过程中，滴滴预估的车费有太大偏差，作为乘客，你很可能会觉得滴滴不靠谱，也会降低对滴滴的信任度。

　　滴滴还将大数据运用在滴滴拼车上，如果你和其他乘客有相同的目的地，采用拼车的方式，可以节省不少费用。这个过程中所产生的费用也是通过大数据来计算的。拼车从总体上来讲可以节约成本，也减少了车辆的出行，不仅环保，还缓解了交通压力。滴滴通过路径规划，预算通过滴滴平台打车的用户花费的时间、费用等。

　　滴滴平台比较核心的一个模块就是派单。滴滴成千上万个需求都只需要 2 秒就能完成，实现最佳配置，把距离最近的司机配送给乘客。例如，滴滴中的顺风车，如果哪个司机最先抢单，系统会自动把司机周围的订单发送给他，从而选择最合适的订单。但是，这种做法效率并没什么明显的提升，如果司机是在开车过程中，就很容易影响司机选择的速度，从而导致效率低下。

　　从 2015 年以后，滴滴利用大数据和人工智能实现资源最优化配置，采用一对一的匹配，大大提升了精准度。在早期，滴滴采用直线距离来算匹配度，如果乘客要去的地点隔着一条河，司机所在的位置还是单行道的话，就需要绕路。再通过直线来匹配，显然就不合理了。

此后，滴滴开始完善路径规划，采用路面距离来算匹配度。哪条路线距离最近，系统就会给司机推荐这条路线。相比直线距离来计算匹配度，通过路面距离来计算是很合理的，但是与采用时间来计算匹配度相比，时间匹配度是最合理的，因为，如果道路拥堵的话，时间花费的就越多。滴滴在今后的路径规划中采用的都是时间测算精准度。总而言之，在滴滴平台中，获取的数据量越大，各个数据的计算就越精准。

滴滴用大数据来设计最佳出行方案。例如，在路线规划上，如果你想从 A 地点到 B 地点去，这个时候，滴滴平台会自动设计出最佳路线导航，以免司机不认识路。

4.2　大数据有什么优势

有的不懂利用大数据的老板问我："我没有感觉到大数据对我有什么帮助，没有大数据我的公司也正常运转。"虽然你的公司正常运转，但是有了大数据，你的公司能更快速地运转，也能让更多的客户认识你的公司，这就是大数据的优势所在。

4.2.1　大数据能更好认识受众，增加谈判优势

在培训中，有的学员跟我说："我虽然知道利用大数据可以帮助公司解决很多问题，但是，在公司的运作中，对于'受众'这个词我还是很陌生，也不知道怎么去运用。"应该知道，在和其他的公司谈判时，受众的确能增加谈判优势，但是该怎么利用呢？我认为可以这样来认识：

1. 大数据时代的目标受众

随着互联网大数据时代的发展，企业也学会利用大数据来做营销，增加了互联网广告营销渠道，在先进的科学技术的推动下，广告营销发生了很大的变化。在大数据时代，传统的网络营销无法满足新的受众群体的需求。越

来越多的企业通过消费者网络浏览记录与习惯数据、消费者心理数据等多角度去精准定位消费者。由于时代的发展，消费者的消费行为发生了很大变化，企业需要根据目标消费者的消费行为来调整企业的营销方向，从而在市场竞争中占据有利地位，提高企业的利润。

2. 从单一渠道到多渠道营销

目前，企业通过微信公众号、微博、直播、小视频和论坛等新兴媒体来投放企业的广告。在当今时代，企业的线上广告投放率超过了传统的线下广告投放率。现在的消费者的消费行为多变，如消费者想要购买一件衣服，他可能会先通过淘宝来选中喜欢的款式，如果对价格不满意，他可能会到其他渠道去查看同款衣服的价格及卖家是否有优惠券，最后选择在价格最低的那家购买。企业需要根据消费者的消费数据来了解消费者的喜好，定位产品的受众范围，实现多个渠道营销，从而增加产品的销量。

大数据时代的到来，企业与消费者同样要面对庞大的信息数据。现在的受众数据成了可以利用的商品。因此，对于企业来说，最关键的问题在于，如何从庞大的数据信息中寻找有价值的数据信息，扩大目标受众范围。我认为利用大数据来认识受众有以下几点，如图 4-5 所示。

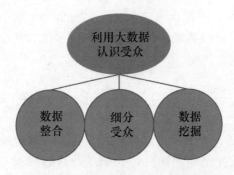

图 4-5　利用大数据认识受众

（1）数据整合　企业首先应该做的是整合各种渠道的数据。例如，客户关系管理数据、普查数据及离线数据等，通过对这些整合数据的分析可以扩大目标受众的范围。企业可以利用先进的数据追踪技术及数据管理平台把数据整合到一个界面上，轻松获取转化率、流失率及各个渠道的贡献率等数据。

（2）细分受众　企业灵活地整合数据的有效方法是细分受众，并利用相同的属性将消费者进行分类。在进行分类时，需要考虑消费者线上及线下的消费特点，如生活方式、喜好及消费心态等。通过细分受众，在实现产品精准营销及优化的同时，也提升了品牌的受众范围和体验。

（3）数据挖掘　企业增加谈判优势的关键在于如何在庞大的数据信息中获取更有价值的信息。企业的未来发展方向是数据整合、多平台数据接轨、结合人口与行为数据优化算法等。企业需要注意的是，想要通过大数据来营销，需要做好数据利用的每个环节，如数据收集、数据挖掘、数据应用、数据提取、数据报表等。

4.2.2　数据型文案更容易吸引人

有的人跟我说："我写文案时，感觉每一个细节都做得非常好，写出来的文案我自己也很满意，但为什么就是吸引不了别人呢？我哪里出现了问题呢？"好的文案，标题是关键，写好一个文案的标题就相当于成功了一半。什么样的标题才是好的标题呢？我认为数据型的文案更容易吸引人，不管是标题还是内容，利用数据来写会更加直观、清晰，别人也愿意看。

读者喜欢什么样的文案？喜欢分享什么样的文案？换个角度，文案中的什么内容吸引了用户的注意？什么类型的文案是用户喜欢的？是长篇大论的文案更吸引人，还是图表与文字结合的文案更吸引人？受社交媒体欢迎的文案又是什么样子的？

名气大的读者喜欢上你的文案，并传播了你的文案，会产生什么样的影响？策划一个文案通常需要多长时间？发表多长时间后，读者的转发量最大？怎样才能让读者喜欢转发你的文案？

关于这些问题的答案，我从大数据的角度给大家提供一些参考。让读者喜欢你的文案的前提就是你的文案得出彩，这是非常重要且关键的一步。那么，怎么写数据型的文案呢？

1. 与文案无关的数据是没有任何价值的数据

例如，《我在学校上了 100 节课，写了 10 篇文章，我的薪资涨了不少》。课时和写文章的多少与涨薪没有太大的联系，用户看了这个标题后，也不会有太大的感觉，但如果把关注点放在薪资上的话，把标题设计成在很短的时间内薪资就涨了不少，整体的效果会更明显。因此，这个文案的标题可改成《在××培训学校只学了1个月，我的薪资就涨了1倍》。

2. 利用一个能用绩效数据衡量的指标，让数据刺激并吸引用户的眼球

例如，《京东的营销秘诀，都在这篇文案里了！》。

这个文案标题给我的感觉是比较平淡，不会吸引读者的目光，如果你在标题中加一个数字，效果会好很多。因此，这个文案的标题可以改成《京东创造200亿元财富的秘诀，都在这篇文案里了！》。

3. 标题突出的同时，你也可以把文案内容的卖点在标题中突出

例如，《京东创造200亿元财富的秘诀，都在这篇文案里了！》。

标题虽然已经很突出了，但是如果把彰显文案内容的数据也放在标题中突出出来，标题会更具吸引力。因此，这个文案的标题还可以改成《京东创造200亿元财富的秘诀，都在这10页文案里了！》。

4. 采用比较的手法，放大数字

例如，《做文案一年终于拿到了8千元月薪，分享我做文案的经验秘诀》。

如果在标题中直接说月薪8千元，对于读者来说，根本没有概念，也不知道8千元月薪是多还是少，如果你对比一下，效果就很明显。因此，这个文案的标题可以改为《一年之内我的月薪翻了8倍，分享一个作为文案小白的辛苦奋斗史》。

5. 利用数字，把文案内容的价值彰显出来

例如，《如何写出有价值的文案？》。

什么文案才算有价值？读者从标题中根本就识别不出来，如果你利用数字，突出文案内容，效果会更加明显。因此，可以把标题改成《年薪10万元的文案与年薪百万元的文案的区别》。

根据我多年的经验，我认为好的数据型文案应具备以下条件：

（1）数据型的长文案比短文案更容易被读者分享　在新互联网时代，人们采用手机阅读的时间超过了在计算机上阅读的时间，手机更加方便。有的人可能认为，短文案更吸引读者，长文案很难有心思全部看完。但是，对于数据型的文案来讲，基本上内容都是用数据图表来支撑的，短文案根本无法

把作者的核心观点表达出来，长文案会更加合适。对于包含大量图表数据的长文案，读者读起来会更加有趣，也乐于把它看完，在这个过程中也不会枯燥。有数据调查显示，在社交媒体上，被读者分享的文案中 10%都是数据型的长文案。

这个数据调查结果能说明什么？说明读者的兴趣是在那些数据型的长文案上，读者不但喜欢看，还喜欢去分享。所以说，如果你写数据型的长文案，比起枯燥的短文案来说更有市场，这也是你的文案吸引读者去注意的好方式。

（2）数据型文案中图片多的内容更容易吸引读者注意　在当今时代，人们的视野范围扩大，对文案的需求也越来越大，越来越挑剔。对于社交媒体上的文案，长篇大论全是文字的文案读者也许看一眼就不再看了，但是如果文案中有图片，首先，吸引读者注意的是图片，基于读者的好奇心，读者回去看相应的文字说明。如果文案中有不少的图片，读者更喜欢去看，也乐于把有趣的东西分享给别人。例如，在微信公众号上，加有图片的文章的点击率和阅读率都比较高，其他社交媒体上也是类似的情况。

（3）敬畏、有趣、娱乐型的数据型文案更吸引读者注意　有专家专门对论坛中 1000 篇转发最多的数据型文案进行了调查，发现能引起读者兴趣的数据型文案情绪特点排名依次是敬畏（25%）、有趣（16%）、娱乐（15%）、愉快（14%）、读者共鸣（6%）、愤慨（6%）、惊奇（2%）、悲伤（1%），其他情绪类型占 15%。

某个杂志曾经调查分析了 2500 位读者转发文案的目的动机，最大的动机是：我想把有价值或娱乐型的文案分享给我的朋友；通过转发这种类型的文案，让我的朋友更加了解我的为人；通过转发文案，我可以维持我的朋友关系；通过转发，我有更多的动态，别人更关注我；转发别人的文案，来表达我同样的观点和情绪。

总的来说，读者更喜欢能引起共鸣的数据文案。所以，在写文案时，一定要体现文案的风格，把自己的观点和价值观表现出来，这样，读者会更喜欢。

（4）包含清单和图表的数据型文案读者更喜欢　包含清单和图表的文案怎么写？好的文案开头是什么样子的？例如，《8 种写出转载量达 10 万次的文案写作方法》，这就是清单式的文案，把最简单且直接明了的信息展示给读者，读者在阅读中也不会感觉枯燥，同时，清单图表式的文案更便于阅读和理解。

（5）文案中的数据让读者更信任　如果在社交媒体上发表文案，在文案中是否署名也会影响文案的转载量。读者更乐于转发什么样的数据型文案？有数据调查显示，如果在 Facebook 上发表文案，署不署名都不会影响转载量，但是在其他的社交媒体上，如微信、微博等就会有明显的差别，如果是让读者更信任的作者写的文案，读者更喜欢分享。不管是在哪个社交平台上发表文案，如果标注了自己的身份，也会提升文案的转载量。

第5章

复制一个优秀公司，只需要这些培训数据

　　周老板两个月前刚开了家公司，人员什么的都招聘好了，简单的培训过后，员工就上岗了。经过两个月的公司运作，周老板发现，公司并没有什么起色，这是什么原因造成的呢？周老板也不太清楚，于是，他请了专业的问题诊断公司来诊断。诊断公司的诊断结果让周老板瞬间明白了，原来公司在培训环节出了问题，导致员工的整体素质都不高，所以公司的业绩也上不去。

　　诊断公司为周老板提出了合理化的培训方案，在培训中，大量运用了培训数据，经过新一轮的培训，公司员工的素质明显提高，公司的整体业绩也上去了。周老板也吸取了这次培训的经验，在往后的培训中，也学着运用数据来增强公司的实力。

5.1　培训系统的主要数据

　　培训系统主要有培训运作系统和培训管理系统。利用好这两个培训系统中的大数据，可以保证公司培训的顺利进行。

5.1.1　培训运作系统的主要数据

　　公司培训质量的高低一般由培训的针对性和时效性来决定。培训的针对性是指公司的培训项目是否是从公司的实际情况出发的，培训能否给公司带来效果。培训的时效性是指在培训时，公司是否把人员安排到位，是否在规定的时间内完成了培训。对于有形商品来说，公司的培训是一种无形的商品，它的针对性和时效性也会随着公司的成长而发生变化。所以，公司在开展培训时，要根据实际情况，及时做出调整，保障培训的有效性，推动整个培训工作的顺利进行。因此，对培训运作过程进行管理非常重要。

什么是培训运作系统？有些专家认为，它是培训人员对员工从开展培训到顺利投入工作各个阶段的掌握。对培训体系的运作，培训运作系统能够保证培训的质量。培训人员对培训需求、计划、开发、实施、评价和反馈等全过程的管理，能够保证公司有针对性地开展培训工作。

保证培训运作系统有效实施，我认为可以采用以下两种方法：

1. 制订年度培训计划

基本上，在每年的年末，公司就可以开始制订下一年的年度培训计划。好的年度培训计划是培训顺利实施的前提。通常情况下，年度培训计划需要涉及培训时间、培训地点、培训方式和培训流程等多方面的内容，以便公司能整体把握培训的方向，加强培训的支持力度。好的培训也是为公司培养优秀人才的过程，也是支持公司发展的一种有效方式。

在制订年度培训计划之前，你需要对某些因素进行需求分析。例如，对各部门、各岗位及个人的需求等进行分析。在对各部门的需求进行分析时，你需要了解各部门的年度发展战略、长期规划、短期规划和工作方向等。全方位了解各部门的年度工作内容及方向，在全面了解的前提下，制订出公司的年度培训计划。

在进行各岗位需求分析时，你需要根据公司岗位资格管理体系中的岗位行为标准、知识标准和技能标准等方面，从提升绩效和工作能力的角度，分析岗位胜任力的差距。年度培训计划可以为各部门岗位一年的工作方向提供指导意见或建议。因此，在分析需求时要侧重分析部门需求和岗位需求。个人需求只是员工个体学习意愿的一种反映，可以作为了解员工职业生涯发展意向的一种参考。

2. 月度培训运营分析

在制订年度培训计划之后，再经过层层分解，形成月度培训计划，通常情况下，你可以分析整体的培训运营状况，然后形成可行性的报告，以便评估各部门培训开展的情况。一般培训运营分析报告包括数据、报表和分析三个部分。

培训运营分析报告的数据部分包括：每个月培训的项目数、每个月培训的人数、每个月培训的课时、每个月花费的培训费用、年度培训计划完成率、内部培训师的课时量、培训项目的占比和培训方式的占比等。

培训运营分析报告的报表部分包括：现阶段公司的重点经营项目、项目的重要程度、每个月对重点经营项目的培训支持、被培训人员的岗位胜任力、培训花费的成本、培训获得的收益等，在这其中最重要的方面就是每个月对重点经营项目的培训支持。

培训运营分析报告的分析部分包括部门培训工作的关键点和问题分析。对于关键点，落实到每个员工的培训上。对于培训中的问题，要及时解决。

5.1.2 培训管理系统的主要数据

对于培训来说，不同部门、不同级别员工的培训方式也是有差异的，在做培训需求分析时，你需要结合公司前几年的培训数据来安排公司下一年的培训计划及公司未来的各个阶段目标，然后对各个部门级岗位的需求进行分类，为年度培训计划提供有价值的参考。一般来说，在分析公司培训管理系统的数据时，你需要先做好以下几个方面工作：

1. 整合及完善公司培训管理流程

培训也是公司的一种正向投资，也会产生一定的经济效益，如果你不想做无用功，想让培训产生效益的话，你需要一个完整且畅通的培训管理流程。完整且畅通的培训管理流程包括精细的培训需求调查、合理可行的培训计划、优秀的培训团队、实用高效的培训课程、有效的培训效果评估机制，培训从需求到计划、执行，再到评估，是一个完整的流程，决定了公司的未来发展。

实施培训管理系统的主要目的是清晰地知道培训过程中每个环节中存在的问题，针对问题提出具体的解决方案，把培训的各个环节衔接起来，形成规范的培训管理系统。

通过培训管理系统，把培训中的各个环节整合成一个完整的流程。在这个过程中，会产生大量的培训数据，把这些培训数据收集到数据库中，通过数据分析了解培训的实施情况，建立起严格的培训体系。例如，在培训环节，采用什么样的培训方式；从哪些方面展开培训；如何针对不同的员工开展不同的培训；如何根据数据分析培训过程中遇到的问题；如何规范合理地制订培训计划；在培训过程中，如何做到各部门之间的协调；如何保证培训的顺利实施，在计划内完成培训，等等，这些问题都是可以根据培训管理系统数据分析出来的。

在培训的过程中，选择专业的培训师。培训师可以从企业内部或专门的培训机构选择，培训师可以影响培训计划的实施，所以在选择培训师时，一定要慎重。想要培训达到理想的效果，需要根据公司的实际情况，制订详细的培训计划，选择合适的培训课程，这样才能保证培训的效果，避免做无用功。在对培训结果进行评估时，一定要做好各方面的数据记录，选择合适的评估方式，保证评估的有效性。通过专业化、规范化的培训管理系统，规范培训的各个环节，让培训按照计划正常实施，在培训过程中，真正达到效果，提升公司的效益，而不是流于形式。

2. 建立知识传承机制，增加公司的培训功能

公司为什么要进行培训呢？最主要的目的还是提升员工的能力，从而提升公司的效益，满足公司对人才的需要。当今时代不仅是知识管理的时代，也是人才竞争的时代，因此，增加公司的培训功能尤为重要。现在，有不少公司把培训作为吸引优秀人才的重要手段，也通过培训留住公司内部的优秀人才。现在的培训具有吸引人才、开发人才、留住人才的重要功能。从公司的长远发展来看，如果公司在管理中能把知识管理和公司的培训融合到一起，让公司的知识通过培训传承下去，那么，培训也就相应地增加了公司内部知识传承的功能。

公司的一些核心员工对公司的发展起着非常关键的作用，这些核心员工也掌握着公司的核心知识，在工作的过程中，也积累了非常丰富的经验，这些都是公司的宝贵资源。如果这些员工选择离职，就意味着他们把核心知识带到了别的公司，对你的公司来说，也会产生更强大的竞争对手。但是，如果这些核心员工能把自身所掌握的丰富知识传递到公司的每位员工身上，那么每位员工的能力都会得到提升。如果核心员工选择离职，对公司的损失也会降低，他们虽然离职，但是把知识留下了，让其他的员工成长起来，通过知识的传承，让每位员工的能力都得到了提升，这也是公司的无形投资。

在公司内部建立知识传承机制，让掌握核心知识的员工都乐于把自己的知识和经验分享给公司的每一位员工，这也是公司内部文化的一种表现。对

于这些核心员工来说，这不仅是对公司的付出，在通过培训传承的过程中，他们的自身能力也能得到更大的提升。如果你想要公司形成良好的内部传承机制，就需要不断规范员工的自身作为，通过奖金、晋升等激励手段，让员工积极地参与到知识的传承中去，提升公司的智力资本。

建立公司内部知识的传承机制，还能为公司培养出一批优秀的内部培训师队伍，打造专业的培训团队。培训师也可以在培训的过程中，发现员工中的"黑马"，为公司扩充人才队伍立下汗马功劳。在这个过程中，你需要规范公司的培训师选拔制度，完善培训流程，利用培训管理系统打造一流的培训师、一流的培训课程。

公司内部知识传承的培训机制，可以帮助公司营造良好的学习氛围。即使公司的一些核心员工离职，公司还是有新的员工胜任核心职位，这对于公司来说，也注入了新的活力。

3. 整合培训功能，完善公司的培训管理系统

培训虽然也是一种变相的激励过程，但是，它的过程是非常短暂的，如果你想要员工的能力得到持续的提升，就需要把培训的所有功能整合到一起，形成完整的培训管理系统。关于培训过程中的激励手段，你可以通过提升员工的绩效来解决。对于绩效好的员工，你可以给予晋升。员工得到晋升，会在培训中投入更多的热情，这也是周而复始的一个循环过程。在整合培训的功能时，你需要找到这些功能之间的平衡点，这样，才能有效衔接。例如，在员工的能力得到提升后，通过什么样的方式传递给他人；如何对员工的职业生涯进行合理的规划等。

5.2 培训模式有哪些

培训模式有系统型培训模式、过渡型培训模式、咨询型培训模式、所罗门型培训模式、阿什里德培训模式、持续发展型培训模式和战略导向型培训模式。

5.2.1　AA 复制法，系统型培训模式

在美国的军事训练中，系统型培训模式最早使用，目前国外很多公司采用这种模式的也比较多。系统型培训模式是有计划地去实施培训计划，在培训步骤上也有一定的逻辑性。系统型培训模式引入了一个从评价培训需求到进一步确定培训需求的环节。所以，系统型培训模式的整个过程是一个连续的过程，如图 5-1 所示。

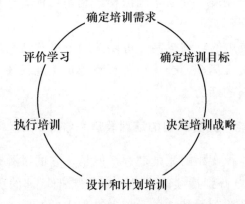

图 5-1　系统型培训模式的步骤

虽然有的公司采用系统型培训模式，但由于公司的实际情况不同，这种培训模式的步骤和具体细节或多或少会有差异。一般来说，系统型培训模式主要包括以下几个步骤：

（1）制定培训需求。

（2）确定培训目标。

（3）决定培训战略。

（4）设计和计划培训。

（5）评价学习。

系统型培训模式是在对个人或公司的培训需要和培训过程进行全面调查的基础上进行的。它具有两个比较典型的特征：

（1）这种培训模式具有一系列连贯的步骤。

（2）在确定培训需求后，这种模式还可以在一个适当的阶段被引入到培训循环中。

系统型培训模式以对个人或公司的培训需求的全面调查结果为依据，或

是以对公司既定的整体目标的理解为依据。当然，也可以是以这两个方面的结合为依据。

系统型培训模式与其他培训模式最大的区别在于，这种培训模式的目的是全面提升公司员工的工作能力和实力。不仅是国内的公司，国外的公司也普遍使用。系统型培训模式具有以下特点：

（1）系统型培训模式更关注岗位任务分析，根据对公司每个岗位的分析结果来进行人员定岗，实现人员岗位的最佳匹配。这种培训模式的最终目标就是根据员工的能力，把员工分配到合适的岗位上去。换句话说，这也是对员工能力和岗位资格匹配度的一种考核标准。

（2）增加了工作能力的概念范畴。系统型培训模式中的工作能力既包括员工在技术方面的能力，也包括员工在人际交往等方面的工作能力。通俗地讲，就是如果员工想要胜任某个岗位，就要得到跟这个岗位相关的一切技能和知识。

（3）系统型培训模式是一种动态的培训模式，它将培训目标和培训考核有机地结合在一起。完成对员工的培训后，并不意味着培训就真正结束了，还需要对培训结果进行统一的考核，了解培训是否真正取得了效果，有没有达到培训目标。同时，公司还应收集培训各个环节的数据资料，对整个培训过程进行系统性评估，并真实地反馈到公司相关部门，以针对培训中的问题提出改进意见。

（4）培训方法具有质量保证，并把质量保证的管理方法运用于整个培训过程，使培训全过程具有可审查性，从而保证技术人员取得全面工作能力。

（5）系统型培训模式的建立与公司文化建立之间具有联系。在员工的岗位任务分析中，就制定了一些与文化相关的问题及应对方案，同时还把问题及方案一同纳入到培训计划中。

（6）系统型培训模式建立了与人力资源管理之间的联系，这种培训模式有利于公司岗位的分析、公司整体结构的设计、人员的聘任及培养。总之，系统型培训模式有助于公司的人力资源管理。

公司人力资源培训系统是动态的，随着时代的变化发展，培训需求也在变化发展，培训系统中的其他要素也随之变化发展。同时，员工所具备的知识日益陈旧，需要更新，因此，培训应该是动态的，并非一次培训终生不再需要培训。作为公司的管理者，你应给予每个员工适量的培训机会。

你还要根据现代市场经济的要求，建立低重点、高视点、多层次的动态培训结构，使不同层次的公司员工都得到最基本的职业培训，最大限度地满足公司发展的需要。所谓低重点，就是把培训初级、中级技术人才放在首要位置；高视点是把培训公司的骨干力量和创新人才作为培训的关键；多层次是指不仅公司培训者，包括管理者也应该积极参与培训工作，从而提高公司的人力资本存量，提高公司在市场经济中的竞争力。培训内容、方法、模式也应不断地变化发展。

5.2.2 AA+复制法，过渡型培训模式

针对系统型培训模式的不足，哈里·泰勒（Harry Taylor）提出过渡型培训模式。泰勒将过渡型培训模式描述为公司战略和学习的双环路：内环是系统型培训模式，外环是战略和学习、远景、公司存在的意义和价值，这些方面的内容都必须在确定目标之前确定。

另外，必须知道的是，过渡型培训模式主要是为了实现以下几个目标：

（1）提升员工的能力。员工刚进入公司时的知识、能力和态度都和公司的实际期待水平有所差距。怎样弥补或缩小这种差距呢？实施对员工的培训和训练就成了缩小差距最好的方式。通俗来讲，如果公司发现员工缺少岗位所必备的知识和技能，就应该把其应具备的能力传授给他，以提升他的岗位胜任力。培养员工的工作积极性和主动性。

（2）提高员工的生活水平和质量。公司对员工进行培训的目的不只是提升员工的工作能力，还包括员工的生活水平和质量的提升。员工通过培训提升能力后，岗位胜任力也得到提升，员工的薪资水平也会跟着提升。薪资水平也是反映员工生活质量的一个重要指标，这有利于培养员工的整体实力，培养员工健全的人格。

（3）提升员工的信念，培养正确的价值观。在培训的过程中，随着员工知识量的丰富，员工对待工作及生活等方面的观念也会随之改变，上升一个层次。为了能培养员工正确的价值观，就必须通过培训来给员工灌输新知识，以此来纠正员工的价值观，引导其形成正确的价值观和职业观。

（4）提升公司管理效率，加速公司发展。公司做培训的目的就是希望通过培训来扩充人才队伍，通过培训让公司的整体实力得到提升，从而让公司在激烈的竞争环境中不会被淘汰，通过知识和能力赢得最后的胜利，提高公

司的管理效率，加速公司的健康发展。

要不要进行过渡型培训？如何进行人员培训？在决定进行培训之前，你需要根据公司的实际情况来考虑。过渡型培训模式需求的确定可以从以下几点来考虑：

（1）员工行为或工作绩效差异是否存在　员工工作行为及绩效方面的差异可以通过公司的产品生产、生产成本、生产记录、员工到岗率、员工能力评估、员工满意度调查和员工绩效评估等各个指标来了解。如果员工在这些方面存在差异，那么公司就非常有必要开展培训。

（2）绩效差异的重要性　当员工的工作行为和绩效产生的差异对公司造成不良影响时，才会引起公司的重视。员工绩效上的差异要根据公司的战略目标来决定。如果员工的绩效差异影响到公司的发展，就需要分析导致这种差异的根源。一般来说，导致绩效差异的原因有员工的知识技能欠缺和员工整体的状态不佳等。分析原因之后，你就可以确认是否有培训的必要了。

（3）培训是缩小员工差异的最佳途径　如果员工工作行为和绩效的差异是因为员工本身能力不足造成的，或者是由于员工整体的工作观念造成，那么培训就是最好的缩小差异的方式。通过培训，不仅可以提高员工的工作能力，还能培养员工正确的价值观和职业观，培养员工爱岗敬业的精神。

5.2.3　AB 复制法，咨询型培训模式

咨询型培训模式是目前比较受公司欢迎的一种培训模式。它通过协议或合同的方式把公司的实际需要和在管理中存在的问题落实到纸上，然后针对问题和需要展开进一步的调查分析，根据分析结果，制订合理的培训计划。在培训完成之后，又形成新的协议或合同。

咨询型培训模式最重要的关键点在咨询上，通过咨询，可以对培训目的、培训方式和培训地点等问题有更加清晰的了解，相关人员也会给予合理的建议。既然咨询如此重要，那么咨询的步骤就应该成为一个必备知识。一般情况下，咨询的过程可以分为这几个步骤：参与项目、调查与分析、完成、退出项目。值得注意的是，为公司提供咨询的相关人员既可以是公司的内部顾问，也可以是外部顾问。其中，公司的内部顾问可以针对公司的问题提出针对性的意见，而外部顾问针对一些培训实施的方式和过程等给予建设性的意见。

咨询型培训模式可以帮助员工提升工作技能，但是，如果要保证公司培训实施的有效性，咨询型培训模式并不是一个非常好的方式。咨询型培训模式最大的特点就是可以为公司的培训人员及人力资源管理人员提供提升技能的方向，这对公司来说也是最为有利的。

咨询型培训模式与其他培训模式相比，也有它的优势：

1. 从公司诊断入手

一般情况下，传统的培训模式更加注重个体，关注员工个人的成长。咨询型培训模式关注的是公司整体，以解决问题作为培训的主要目的，在培训中，员工和公司一起针对存在的问题探讨解决方法。你需要通过详细的咨询诊断调查，根据自身的专业性来制定有针对性的实用性培训课题，在培训结束后，也能解决公司存在的问题。咨询型培训模式也会保持个性化的服务。在整个培训过程中，公司不需要专门设定统一的标准课程，而是根据公司的实际情况来决定，培训过程中的课程还会随着公司的实际情况做出相应的调整，为公司打造有针对性的、个性化的培训体系。

2. 针对问题的课程设计

针对诊断出的公司存在的具体问题，你需要借助先进的管理咨询工具和培训收益四级绩效评估体系，再根据公司的发展情况，提供有效的咨询式评估报告和解决方案，通过有效的培训让公司得到真正的提升。咨询型培训模式不仅提供知识和答案，还提供解决问题的方法和工具，每个员工都能以最佳的方式解决公司存在的问题。

3. 可实施的交付成果

传统的培训模式在培训时都会给员工一本培训手册或培训资料。咨询型培训模式给员工的是一套完整的关于公司的实施规范和操作手册，手册中包含公司日常工作的积累，也是员工经验的总结，这种手册是可以不断地复制和传承使用的。

4. 综合四类讲师资源

咨询型培训模式的培训对象有两种类型：一种是面向公司高层的培训，这类培训以传统教授和咨询顾问为主，讲授的内容主要是公司的发展战略和公司的理念等各个方面的内容。另一种是面向公司中层人员的培训。进行这类培训的人员以实战派专家和职业培训师为主，讲授的内容是管理中的实用技能。咨询型培训模式的培训师一般都具有实际的咨询经验，拥有非常丰富的知识储备，在培训过程中，以亲身经历来讲授培训内容，能够加深员工对于知识的理解和记忆。

5.2.4 AC 复制法，所罗门型培训模式

所罗门型培训模式由英国经济学家马丁·所罗门（Martyn Sloman）提出，所罗门型培训模式有两种类型，如图 5-2 所示。

其中，第一种类型的流程是：

（1）行为评估。

（2）业务发展计划。

（3）计划审查。

（4）计划实施。

（5）培训课程设置。

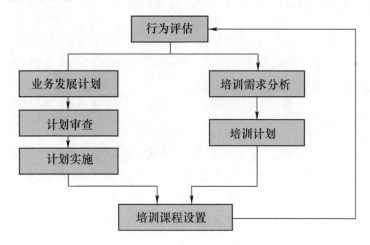

图 5-2 所罗门型培训模式

这种类型的优势就在于，把行为评估、计划审查和计划实施引入到培训模式当中。当然，它也有一定的弊端，那就是将计划审查者和计划实施者的职能融合在一起进行时，在实际的操作中，很可能会出现计划和实际相脱节的情况，从而影响整体的培训效果。

第二种类型的流程是：

（1）行为评估。

（2）培训需求分析。

（3）培训计划。

（4）培训课程设置。

这种类型除了具备上一种类型的优势之外，还把培训需求分析纳入进去。同样，这种类型也有弊端，仍然是计划审查者和计划实施者的职能可以融合在一起进行。

所罗门型培训模式的优势是行为评估成了整个培训过程的核心，其体现了培训的科学性、连贯性和持续性。同时，该模式还协调了培训计划和培训实施这两个职能。

该模式同样也存在缺点，那就是所罗门培训模式没有考虑到外部市场环境的变化，在这种环境下，公司的培训不能满足公司的需求，也会出现实施目标和计划目标相矛盾的状况。

5.2.5 MT 复制法，阿什里德培训模式

阿什里德培训模式是由阿什里德管理学院研究课题组承担的一个极有分量的研究项目。阿什里德培训模式按照等级水平将培训活动划分为三个阶段：离散阶段、整合阶段和聚焦阶段。

1. 离散阶段

培训与公司的目标关系不大，很多人也认为培训是一种浪费时间的行为。在培训的过程中，整个运作都是非系统性的，培训也带有很强的功利色彩。在培训中，只有培训人员与被培训人员参与到培训中，割裂了与其他部门或人员的联系。培训的内容也是纯粹的基础知识，不涉及技能的培训。

2. 整合阶段

在整合阶段，将培训开始和人力资源管理结合起来，并把评估加入培训环节中，形成了一个完整的培训体系。在培训时，不只是对基础知识的培训，还有对技能的培训，培训的内容扩大。人力资源的需求也受培训的重要

影响，公司也开始关注未来的发展。整个培训过程不只是由培训师来承担，公司其他部门的人员也加入进来，部门经理也参与到培训的评估过程中去。一般培训是脱产的，但是，在这个阶段变成了班前班后培训，培训的价值也得到了认可。在培训时，公司也会更多地考虑员工及部门的感受。

3. 聚焦阶段

在聚焦阶段，公司的内外部环境变化迅速，培训和个人能力的提升已经成为公司发展的必备条件。在培训计划中，把公司战略目标和个人战略目标融合在一起，培训也更加注重个人的职业发展，让培训成为一个持续的学习过程。培训时，也不只是内部培训师来培训，还邀请外部培训专家参与培训的过程，培训的内容也涉及知识、技能等各个方面。员工还可以根据自己的实际情况自主选择培训课程。培训方式也逐渐多样化，各种培训方式相结合。培训更加注重评估过程及评估反馈。公司的部门经理也开始对培训承担主要责任。在培训的过程中，增加了培训师的职能范围，将学习看作一个完整持续的过程。

阿什里德模式在各阶段具有这样的特点：

在第一阶段，教育、培训与公司的发展都处于次要的地位，只有公司的发展受到影响时才会考虑到教育培训。公司对培训也持放任态度，对于公司来说，培训就是一种形式，也没有期望获得回报。

随着培训在公司的发展中所起的作用越来越强，公司也逐渐进入了整合阶段。公司对培训的重视度也在不断提高，培训与公司发展中的各个项目都开始产生密切的联系。

在培训的聚焦阶段，培训开始充分地发挥它的作用。在这个阶段，培训已经成为公司重要的内在机能，并持续贯穿到公司的整个运营过程中。培训也开始跟公司的战略目标和个人需求紧密地联系在一起，公司的每个人都开始重视培训，重视自身的能力提升。在这个阶段，部门经理对培训负主要责任。培训师也有了更多的职责，既是公司的战略咨询师，又是培训的实施者，提升员工的能力和公司效益成为他们的主要责任。

在聚焦阶段，基本上培训趋于成熟，整个过程也比较完整。聚焦阶段的培训模式已经发展成为公司主要的培训模式。公司不断加大对员工的培训力度，借此提升公司的整体实力，进而提升公司的效益。

阿什里德培训模式提供了一系列有效的评估指标，但却没有涉及保障培训过程顺利进行的详细方案，但是为培训经理提供了具体的操作指南，这一阶梯形式的培训模式对于培训经理来说，极具参考价值。

5.2.6 01复制法，持续发展型培训模式

系统型培训模式、过渡型培训模式和咨询型培训模式都是为特定的时期提供培训服务的，并未涉及培训职能的持续发展。于是，人们又创造出了一种关注点在于培训职能的长期强化和提高的新模式，也就是持续发展型培训模式。

持续发展型培训模式为公司发展提出了一整套建议，这对于公司的人力资源管理有非常大的帮助。这种培训模式把关注点放在培训职能的长期强化和提高上，因而也更能满足公司管理层的需要。这一模式主要有七个活动领域，这七个领域都是实现公司持续发展必不可少的条件。

（1）公司管理政策　主要以文件的形式呈现，在呈现时，也不应该只停留到愿景上，要有充实的内容。

（2）责任与角色要求　培训的主要对象包括公司的管理层、部门经理及所有员工。

（3）培训机会及需求的辨识和确定　实施培训时要有相应的计划和任务说明，并对培训进行专门的评估。

（4）学习活动的参与　通过激励和协商的方式邀请公司的员工参与培训，而不是强迫员工参与。

（5）培训计划　内容要包括从培训工作的预算开始的一系列问题的相关政策和具体内容。

（6）培训收益　实行分项管理。

（7）培训目标　满足公司的持续发展和员工的个人需求。

从某种意义上说，持续型培训模式也是一种实践性的培训模式。在培训中，说明公司持续发展的目标很重要，尤其需要强调以下两个方面：一方面，这种培训模式基于更广泛的公司背景，积极地与其他发展活动联系起来；另一方面，为了实现公司的持续发展，也开展了一系列相关的活动。

这种培训模式虽然有它的优势，但是，也存在对这种模式的质疑，因为在培训的过程中，关于持续发展的标准过于绝对，已经超出了实际可以操控的范围。

在互联网时代，人们实现了无障碍的互动交流和知识信息的高度共享。在这个大背景下，培训内容越来越同质化。相比之下，培训方式就成了公司在竞争中取胜的关键。例如，有的培训机构打着专家的幌子，不管在什么样的公司中培训，都能用同一门课程搞定，这对于公司的发展来说，是极为不利的。这种状况对于公司发展而言，会造成千篇一律的后果。虽然公司之间在经营管理上存在很多共同的特征，但是，公司之间的整体结构、人群结构、战略方向、公司规模等各方面还是存在很大的差异，如果采用这样的培训方式，就无法满足公司的个性化需求。

在培训中，需要根据公司的类型、职位特征、培训对象的实际能力状况和特点，针对不同行业、不同类型的公司制订与公司相符合的培训计划。这样，在培训的过程中，员工也会更积极地参与到培训中去，才会带动员工在培训中的热情，使培训达到事半功倍的效果。

培训方式成为影响公司培训是否个性化的重要因素，而影响培训方式的因素主要有培训目标和工作条件两个方面。

（1）培训目标　如果公司的培训目标是让员工掌握一些偏理论方面的知识，那么，就可以采用传统的讲授方式。这种方式对于员工来说更容易接受，操作方式也比较简单，并且培训的费用在所有的培训方式中是最低的。如果公司想要增加培训内容的丰富性和学习时间的灵活性，借助互联网就成了最好的方式。传统的讲授方式虽然具有费用低、操作简便的优点，成为传统培训方式的首选，但很多专家认为其在记忆力与注意力等方面效果不是很好。

（2）工作条件　在目标参数条件既定的条件下，员工的职务特征、技术心理成熟度与员工个性特征三个方面会影响培训方式的选择。

如果员工的工作能力达不到岗位的需求标准，就可以采用传统的讲授方式。传统的讲授方式虽然灵活性差，但是由于是基本知识与技能的传授，员工能够尽快掌握。例如，联想集团在培训新员工时，在 4 天内一共举办了 5 场讲座，向新员工介绍联想集团的发展史、未来的发展目标、行为理念及业务流程、各项制度等。

5.2.7　10 复制法，战略导向型培训模式

战略导向型培训模式根据公司的整体战略来设计整个培训体系，它以培

训的系统性设计为核心，在培训过程中，再加上制度和流程的控制，从而实现预期的培训效果。

战略导向型培训模式的培训体系设计会综合考虑公司战略、员工的绩效及员工的职业发展需求。通常情况下，战略导向型培训模式具有以下几个特点：

（1）战略导向型培训模式基于公司的战略来设计培训体系。但是，有时候，公司战略与员工的职业发展需求会产生矛盾。如果公司的战略与员工职业发展需求有冲突，在培训中，要优先考虑公司的发展战略。

（2）公司培训体系的设计是一个持续的过程。在设计培训体系时，要以公司的战略为根据来设计。培训体系从员工行为评估开始，到培训评估结束是一个闭合的循环。这个循环也适用于系统型培训模式。

（3）引入了实施保障概念。在设计完公司的培训体系之后，这个体系需要长久、持续的运行，在运行的过程中，为了避免差错，制定必要的保障措施是非常重要的。而这个保障措施就是培训管理制度和培训管理流程。

战略导向型培训模式不仅给出了培训体系建设的三个层次和九个领域，而且还提出了具体的操作方法，见表5-1。

表5-1　战略导向型培训模式操作方法

层次	活动领域	操作准则
战略层	公司战略	公司战略是公司一切活动的基点，公司战略必须清晰可见，其表述不能停留在远景水平，要有可执行的、可衡量的、可实现的标准
执行层	员工行为评估	通过运用一定的评估方法，找出员工绩效差距产生的原因
	培训需求识别	通过对员工绩效差距原因的分析，识别培训需求
	培训目标确定	根据公司战略，结合培训需求，分阶段地确定公司的培训目标
	培训计划制订	根据培训目标、培训预算和培训项目等编制培训计划书，其中应列明培训项目、培训时间、培训参与人员和培训预算等内容
	培训实施	合理安排培训课程，选择合适的培训机构、培训师和培训场所等，并负责培训场所的布置工作
	培训评估	对培训过程和培训结果进行评估，确认培训投资收益情况、员工绩效提升情况或员工素质提升情况等
实施保障层	培训管理制度	为确保培训体系运行建立培训管理制度体系，包括员工培训管理制度、外委培训制度和培训考核制度等
	培训管理流程	建立公司培训管理工作流程，确保培训活动按照流程操作

第6章 看表说话，不同层面的绩效数据表格

刘老板为公司同时招进了两个人力资源管理人员小金和小吴，这两个员工都有三个月的试用期，刘老板招两个人力资源管理人员的目的就是选择一个最好的留下，另一个辞退。在试用期期间，刘老板安排小金和小吴做公司的绩效分析，并且给了一大堆公司数据，要求他们用三天的时间把分析结果以报告的形式给他。

三天后，小金和小吴都把分析报告交上来了，刘老板发现两个人的分析报告有明显的差别。小金的分析报告中插入了很多数据图表，分析结果直观明了。而小吴的分析报告中都是大段的文字分析，刘老板看起来需要花费很长的时间才能知道分析结果是什么。从数据分析中，刘老板就看出了小金和小吴的差距。三个月试用期满后，刘老板留下了小金，辞退了小吴。

在绩效分析中，采用数据图表可以更清晰直观地看出数据分析结果，大部分的公司在数据分析时都会以图表的形式呈现。

6.1　中基层管理者绩效考核表

管理者绩效考核表是评价管理者的重要依据，根据表中的考察项目来对管理者进行公正公平的判断，从而决定管理者的晋升与否。下面的几个表格是我在为公司做培训时总结的几个样板，供大家参考。

6.1.1　基层管理者绩效考核表

表6-1是基层管理者绩效考核表。在这个表格中，基层管理者的工作态

度、工作能力和工作计划性都用分值来评价，从这几个方面考察基层管理者到底在公司处于一个什么样的状态。我把这个表格制作出来后，公司采用这个表格对基层管理者进行考核，考核的内容基本上涵盖了基层管理者工作的各个方面，这种考核方式更加公平公正，也是公司中在考核基层管理者时最常用的绩效考核表。

表 6-1　基层管理者绩效考核表

姓名：　　　　　　部门：　　　　　　　年　　月

考核项目		考核内容	标准分值（100 分）		自评打分（40%）	上级评分（60%）
工作态度	职业纪律	思想品德：廉洁自律、洁身自好、爱岗敬业		4 分		
		忠于职守：忠诚于公司，办事公平、公正、合理		3 分		
		服从领导：听从指挥、服从安排		2 分		
	劳动纪律	制度遵守：严格遵守各项规章制度，起到表率作用	30 分	7 分		
		劳动考勤：自觉履行各项正常请假手续，出全勤		8 分		
		仪容仪表：态度端庄，上班自觉穿工装或规定服装，佩戴工牌		2 分		
	责任感	任劳任怨，竭尽所能完成工作		4 分		
工作能力	工作例会	每周召开工作例会，及时报送会议纪要		5 分		
	教育培训	制订并审定本部门员工培训计划，定期对本部门员工进行业务技能、服务意识和基本素质的培训。按照培训计划组织部门培训，参加公司培训		3 分		
	工作日志	填写认真，及时完整	43 分	2 分		
	沟通协调能力	积极主动与相关部门沟通解决工作中出现和存在的问题		12 分		
	执行力	在规定的要求内出色地完成指令、任务		12 分		
	专业技术及业务水平	良好的专业水平及业务能力		9 分		
工作计划性	工作计划性	编排每周工作计划，执行并落实计划		10 分		
	工作质量	检查督导各员工完成任务情况，负责日常运行和内部日常管理。编制各类规程、计划和方案，提供各种参数，负责各种日常数据报表的真实性。负责各项任务的跟踪落实	27 分	10 分		
	成本控制	做任何事情都注意到成本问题，自觉做到开源节流		7 分		

注：绩效工资=绩效工资基数×绩效考核分数/100 若绩效考核分数在 50 分以下，当月绩效工资全扣除；50～90 分，按实际考核的绩效工资发放 如果员工做出不在此绩效考核范围内的行为，则结合公司奖惩制度给出具体的绩效考核分数 奖金基数请参阅基层管理人员绩效考核方案	
实际总分	
比例总分	
总分	
绩效工资	

管理人员意见：

员工自评及建议：

6.1.2 中层管理者绩效考核表

表 6-2 中层管理者绩效考核表。中层管理者处于公司比较高的位置，因此，在对这类人员考核时，把评价尺度划分为优秀、良好、一般、较差和极差几个等级。将个人修养、工作能力、工作态度和工作业绩几个方面作为考核指标，这几个指标也是中层管理人员必备的能力。表格中把中层管理人员的各个指标都绩效了，评价者在对中层管理人员做评价时用分值来表示，这有利于评价者的评价，也有利于被评价者以更加公平的方式来看待。

表 6-2　中层管理者绩效考核表

单位名称：　　　　　　　　　　　　　　　　　　　　　　　　年　　月

被评价者姓名		职位			部门				
评价者姓名		职位			部门				
评价周期：○月度　○季度　○年					评价区间：年　月　日至　年　月　日				
评价尺度及分数		优秀（5分）、良好（4分）、一般（3分）、较差（2分）、极差（1分） 说明：在所选择项对应框中打"√"							
评价指标	分值	程度描述	打分				本栏平均	权重系数
			上级评分（40%）	同级评分（20%）	下级评分（20%）	自我评分（20%）		
个人修养	品德	5分	做事谦虚谨慎、廉洁公正，善于倾听别人的意见和建议，具有良好的职业道德						
		4分	廉洁诚信，愿意听取别人的意见，能够达到职业道德标准要求						
		3分	尚能坚持实事求是原则，做到诚实守信，达到职业道德标准要求						
		2分	作风浮夸，不切实际，个人意志不坚定，达不到职业道德标准						
		1分	对自己的过错不能及时改正，表里不一，离职业道德感相差很远						
	荣誉感	5分	自身及集体荣誉感很高，对公司绝对忠诚						
		4分	集体荣誉感较高，能够配合公司						
		3分	集体荣誉感尚可，对公司比较关心						
		2分	集体荣誉感较差，对公司毫无感情						
		1分	集体荣誉感很差，甚至诋毁公司						

（续）

评价指标		分值	程度描述	打分				本栏平均	权重系数
				上级评分（40%）	同级评分（20%）	下级评分（20%）	自我评分（20%）		
工作能力	组织领导力	5分	能对下级进行正确的指导，完全掌控大局						
		4分	能对下级进行指导，管理的部门具有良好的协作关系						
		3分	对下级的指导马马虎虎，不能很好地进行组织						
		2分	不能对下级进行有效的指导，组织效果不佳						
		1分	根本不能对下级进行指导，下级对其感到非常失望						
	执行力	5分	执行力超强，对上级指示彻底执行						
		4分	有较强的执行能力						
		3分	有一定的执行能力						
		2分	执行能力较弱						
		1分	执行能力很差						
	应变能力	5分	具有过人的应变能力，能妥善解决突发情况						
		4分	具有较强的应变能力，能顺利处理较为复杂的工作情况						
		3分	应变能力一般，尚需进一步提高，但大体上能解决一些问题						
		2分	应变能力较差，对于突发情况难以解决						
		1分	应变能力很差，难以胜任本部门的日常工作						
	理解沟通力	5分	能够举一反三，很好地理解上级指示，善于与员工及其他部门进行有效的沟通						
		4分	对上级指示能够较好的理解，能正确判断处理，进行准确传达						
		3分	大体能够理解上级指示，能与员工进行交流沟通						
		2分	在较窄范围内能自行理解判断，沟通不畅通						
		1分	理解能力很差，沟通中问题不断						
	创新能力	5分	创新能力强，锐意求新						
		4分	创新能力较强						
		3分	有一定的创新能力						
		2分	创新能力差						
		1分	无创新能力						

（续）

评价指标		分值	程度描述	打分				本栏平均	权重系数
				上级评分（40%）	同级评分（20%）	下级评分（20%）	自我评分（20%）		
工作态度	责任心	5分	勇于承担责任，自觉主动地对自己的行为及后果负责						
		4分	在有上级监督的情况下，对自己的行为及后果负责						
		3分	在一般情况下，能够对自己的行为负责						
		2分	对工作中的失误，有时进行逃避或推卸责任，转嫁他人						
		1分	对工作中的失误经常逃避，进行各种辩解						
	协作性	5分	在工作中能够和同事保持良好的关系，有效协作						
		4分	在没有上级指示的情况下，无论对谁都能积极协作						
		3分	没有突出的表现，但能与他人配合默契						
		2分	在一些特殊情况下，协作性较差						
		1分	协作性很差，难以与他人协作						
	积极性	5分	积极性很强，总是怀有争先的欲望						
		4分	有较高的积极性，愿意接受新事物，面对挑战怀有激情						
		3分	对工作中的困难，基本上有能够解决的愿望						
		2分	对于执行上级的指示缺乏积极性						
		1分	对上级的指示完全不能领会，严重缺乏积极性						
	纪律性	5分	纪律性很强，不仅能遵守规章制度，而且能以身作则，形成良好的工作秩序						
		4分	能较好地遵守公司各项规章制度，维持公共场所的秩序						
		3分	大体上能够遵守公司规章制度，不服从命令的事少有发生						
		2分	纪律性较差，不遵守规章制度，不服从命令的事经常发生						
		1分	纪律性较差，经常发生不守纪律、不服从命令的事，甚至需要提出警告						

（续）

评价指标		分值	程度描述	打分				本栏平均	权重系数
				上级评分（40%）	同级评分（20%）	下级评分（20%）	自我评分（20%）		
工作业绩	计划完成	5分	超额完成工作任务与达到目标						
		4分	按照计划圆满完成考核期内的工作任务与达到目标						
		3分	在考核期内大体上完成工作任务与达到目标						
		2分	不能在考核期内完成工作任务						
		1分	有很多工作任务未完成，影响工作						
	工作速度	5分	工作速度超群，同上个考核期相比有显著的提高						
		4分	工作速度在规定的标准要求以上						
		3分	工作速度符合标准要求						
		2分	工作速度和规定的标准要求相差较小						
		1分	工作速度离规定的标准相差甚远						
	工作质量	5分	工作质量很高，几乎无可挑剔						
		4分	工作质量在规定的标准以上						
		3分	工作质量符合标准						
		2分	工作质量和标准相距较小，偶有误差						
		1分	工作质量难以保证，需要经常检查其工作						

考勤	（A）出勤：迟到、早退　　次×1+旷工　　天×2+事假　　次×0.5+病假　　天×0.1=　　　分
	（B）处罚：警告　　次×1+小过　　次×3+大过　　次×6=　　　分
	（C）奖励：表扬　　次×1+小功　　次×3+大功　　次×6=　　　分

考核结果	考核初评得分	（D）计算公式=个人修养平均分×2+工作能力平均分×2+工作态度平均分×2+工作业绩平均分×4
	考核综合得分	（E）计算公式=（D）　　分-（A）　　分-（B）　　分+（C）　　分=　　分
	考核等级	□优秀（90分及其以上）　　□良好（80～89分）　　□称职（70～79分） □有待提高（60～69分）　　□差劲（60分以下）

评价者的意见及建议	

评价者：　　（签字、盖章、日期）

被评价者：　　（签字、盖章、日期）

复核人：　　（签字、盖章、日期）

注：本表为 360 度绩效评价表，满分为 100 分，采用扣分制，每季度执行一次，同类别扣分至项目分值扣完为止，不能超过项目分值。直接上级打分完毕后交被考核人签字。

考核的目的：客观地评价中层管理者的工作情况，帮助其提高工作水平。

若总分低于 80 分，则由上级主管进行谈话。若连续三次低于 80 分，记警告一次，考虑降级或降薪处理。

本考核作为公司评优的依据。

6.2　各领域管理者绩效考核表

每个公司的经营领域不同，在绩效考核时的评判标准也是不一样的。下面，我针对几个常见领域的管理者的绩效考核做介绍，供大家参考。

6.2.1　采购供应领域管理者绩效考核表

采购部主管一般负责公司采购工作及部门工作，规避由于市场不稳定所带来的风险。根据项目营销计划和施工计划制订采购计划，按计划完成各类物资的采购任务，并在预算内尽量减少开支。调查、分析、评估目标市场和各部门物资需求及消耗情况，熟悉供应渠道和市场变化情况，确定需求和采购时机。完善公司采购制度，制定并优化采购流程，控制采购质量与成本。

表 6-3 是采购部主管绩效考核表。采购部主管的绩效考核表基本上涵盖了采购部主管工作职责的各个方面，通过这些指标对采购部主管进行评价，能够很清楚地看出其日常的工作行为优秀与否。

表 6-3　采购部主管绩效考核表

考核指标	考核细则	相关部门评分（20%）	副总经理（40%）	总经理（40%）
工作能力（45%）	1. 遵守公司采购管理流程，严格按照公司采购流程进行（5分） 2. 对采购工作进行统筹策划，合理地控制物料的采购价格（5分） 3. 了解购物品、原料的标准、规格、型号、用途、产地、价格受什么因素影响等（5分） 4. 对年度和月度采购计划进行编制、报送（5分） 5. 随时了解各种材料的库存情况，保证生产有序进行（5分） 6. 了解并掌握市场材料价格信息，及时了解市场行情、运费、原料价格波动情况，及时询价比价，确保优质采购（3分） 7. 拟订每月的付款计划，以及运费、装卸费结算等（3分） 8. 参与审核制定的采购合同，维护公司权益（3分） 9. 把握关键因素，质量、价格、运输及付款方式等（3分） 10. 审核与供应商的往来账目、发票情况等，确保账账相符（3分） 11. 负责材料的检验报告、合格证、质检证等资料的收集，并及时报送相关部门（3分） 12. 发现优秀的供应商，保证供应商在两家以上，并淘汰不合格供应商（2分）			
协作能力（20%）	1. 能与各相关部门紧密配合，提高团队协作力（6分） 2. 能与生产部门紧密配合并对物品进行及时有效的采购（5分） 3. 能与仓库保管部门配合，了解库存，合理化采购（3分） 4. 能与质检、化验部门紧密配合，确保采购物品质优价廉（3分） 5. 能与财务部门配合，及时准确地完成采购流程的实施和合同的签订（3分）			
综合能力（20%）	1. 有良好的分析能力，能正确认识和理解职责的重要性（4分） 2. 有优秀的创新能力，在工作中能总结经验，提出改进措施（4分） 3. 有突出的应变能力，遇到突发事件能够迅速反应并解决（4分） 4. 有清晰的判断能力，能够从日常工作中发现问题（4分） 5. 有良好的沟通能力，工作中保持与同事及客户良好的沟通（4分）			
制度遵守（15%）	1. 遵守公司的各项规章制度（3分） 2. 服从上级管理，符合制度要求（3分） 3. 工作程序符合制度要求（3分） 4. 出勤符合制度要求（3分） 5. 个人行为符合制度要求（3分）			

考核人签字：　　　　　　　　　　　　相关部门责任人签字：

6.2.2　生产领域管理者绩效考核表

表 6-4 是生产管理者绩效考核表，从工作能力、工作质量、工作技能、工作态度与责任感、协调性和纪律性几个方面按照一定的比例进行了绩效考

核。对这类人员的考核通过相关部门评分、上级审核和同级审核进行。考核指标又细化分为各个方面，并给予一定的分值。这个表格的好处就是能评价生产管理人员的各个方面，考核更全面。

表 6-4　生产管理者绩效考核表

岗位名称：　　　　姓名：　　　　考核日期：

考核指标	考核细则	相关部门评分（20%）	上级审核（40%）	同级审核（40%）
工作能力（30%）	能时时跟进，追踪工作，提前完成任务（30分） 能跟踪，按期完成任务（25～29分） 在监督下能完成任务（15～25分） 在指导下，偶尔不能完成任务（15分以下）			
工作质量（20%）	出色、准确，无任何差错（20分） 完成任务质量尚好，但还可以再加强（15～19分） 工作疏忽，偶有小差错（10～14分） 工作质量不佳，常有差错（10分以下）			
工作技能（10%）	具有极丰富的专业技能，能充分完成本职职责（10分） 有相当的专业技能，足以应付本职工作（8～9分） 专业技能一般，但对完成任务尚无障碍（7分） 技能程度稍感不足，执行职务时常需请教他人（5～6分） 对工作必需技能不熟悉，日常工作难以完成（5分以下）			
工作态度与责任感（15%）	任劳任怨，竭尽所能完成任务（15分） 工作努力、主动，能较好地完成分内工作（13～14分） 有责任心，能自动自发地工作（10～12分） 交代的工作需要督促方能完成（7～9分） 敷衍了事，无责任心，做事粗心大意（7分以下）			
协调性（15%）	与人协调无间，为工作顺利完成尽最大努力（15分） 爱护团体，常协助别人（13～14分） 肯应他人要求帮助别人（10～12分） 仅在必须与人协调的工作上与人合作（7～9分） 精神散漫，不肯与别人合作（7分以下）			
纪律性（10%）	自觉遵守和维护公司的各项规章制度（10分） 能遵守公司的规章制度，但需要有人督导（8～9分） 偶有迟到，但上班后工作兢兢业业（7分） 纪律观念不强，偶尔违反公司的规章制度（5～6分） 经常违反公司的制度，被指正时态度傲慢（5分以下）			

考核人签名：　　　　（副）总经理确认：

6.2.3　营销领域管理者绩效考核表

表 6-5 是营销管理部门销售经理绩效考核表。该考核表从任务绩效、管理绩效、周边绩效、能力绩效来对销售经理做绩效考核。在考核时，每一项考核的内容都是 10 分制，考核人员根据自己对销售经理的个人评价做出相应的分值。销售经理的岗位职责更加繁杂，因此，考核的内容更加细化，考核者在对销售经理做评价时更加方便、高效。

表 6-5 营销管理部门销售经理绩效考核表

部门：营销管理部　　岗位：销售经理　　姓名：　　　　年　　月　　日

考核项目	具体内容及定义		考核标准	考核结果
任务绩效	销售任务	根据公司下达的销售任务，结合市场分析，制订年度、月度销售计划	10分	
		结合公司下达的销售指标，制订相应的销售政策	10分	
		根据销售额计划，进行资源配置（人、财、物等），并将销售指标合理分解至各顾问	10分	
		要求部门内部人员定期提交进度信息报告及预期信息报告	10分	
	渠道管理	对销售区域的人口状况、经济收入、生活水平及顾客的消费能力进行分析，与部门主管共同确定工作重点及方向以寻求新的销售突破	10分	
		配合公司的销售策略，搞好销售策划工作，合理布局	10分	
		检查销售渠道障碍，预测渠道可能发生的危机并采取相应的解决措施	10分	
		定期维护老员工与公司目前状况，密切关注客情关系，反馈客户意见	10分	
	内部管理	协同人事部完善岗位职责，进行岗位描述，明确工作流程、各级销售人员的权利与义务	10分	
		及时发现销售管理中存在的问题，制定和完善销售管理制度	10分	
		根据各项销售进度及市场成长性，提出合理性销售费用预算申请，并在实施过程中加以控制	10分	
	组织及人员管理	协同人事部制定顾问、销售主管和经理的考评细则，完善激励机制	10分	
		负责本部门的人事考评管理工作，并具体负责销售主管的月度考评工作	10分	
		合理评估人员素质，定期进行部门人员培训	10分	
		根据公司销售管理制度的绩效标准对下属进行激励、选拔、晋升和淘汰，以合理配置人力资源	10分	
得分小计：每项实得分累计相加后乘以30%，作为任务绩效的实得考核结果				
管理绩效	决策与授权	鼓励下属及相关人员参与部门工作决策过程	10分	
		责权范围内，独立做出决策，不推卸问题和责任，对决策的结果负责	10分	
		将决策权和工作职责适当下放，鼓励下属独立做出决定，并建立适当的控制措施	10分	
	计划与组织	按目标和指示，将部门工作目标或计划进行任务分解和时间安排，制订实施方案并与下属沟通	10分	
		明确下属的工作目标和任务	10分	

（续）

考核项目	具体内容及定义		考核标准	考核结果
管理绩效	计划与组织	分析组织和客户需要，自主提出可行的项目和计划	10 分	
		当环境条件发生变化时，能对计划做出适应性的调整	10 分	
	指挥与监控	任务下达清晰明确，工作目标和要求解释详细	10 分	
		工作中设立适当的检查点，追踪工作进度和质量	10 分	
		按照规则和流程要求，严格监控下属的工作进度	10 分	
		进行工作指导时，不但指出问题，而且提供解决问题的具体建议	10 分	
	人员和团队管理	积极促使下属对组织目标和工作任务的认同，并及时向下属传递有关信息	10 分	
		公平对待每一位下属	10 分	
		通过正常的工作途径和手段积极地与员工沟通，了解其工作现状和需要，并对其工作结果进行反馈	10 分	
		接纳他人的建议，并鼓励他人提出建议	10 分	
		努力发现员工对团队的工作贡献和进步，及时给予激励，注意培养和提高下属的工作能力	10 分	
得分小计：每项实得分累计相加后乘以30%，作为管理绩效的实得考核结果				
周边绩效	工作态度	主动服从上级的工作指示或任务安排	10 分	
		在无监督的情况下保持工作质量的稳定	10 分	
		从大局出发，以组织利益为重	10 分	
	团队合作	愿意与他人分享工作经验或方法，促进共同成长	10 分	
		支持同事及协作部门的工作，保持良好的合作关系	10 分	
		参与和支持团队工作，推进团队目标的达成	10 分	
		为后续工作或人员提供最大限度的便利	10 分	
	周边合作	认真倾听、理解并发现相关部门的需求	10 分	
		根据组织规则，合理满足相关部门提出的合作需求	10 分	
		合作态度诚恳、友善	10 分	
得分小计：每项实得分累计相加后乘以10%，作为周边绩效的实得考核结果				
能力绩效	知识水平	具备充分的读写和计算方面的基础知识	10 分	
		具有丰富的理论和专业知识	10 分	
		具有广博的业务知识，掌握其他公司、产业的知识情报	10 分	
	规划力	按公司发展战略方针制订相应的可行性实施计划	10 分	
		在销售执行中，运用独到的见解，形成具体有利于销售业绩达成的方案	10 分	

（续）

考核项目		具体内容及定义	考核标准	考核结果
能力绩效	规划力	具有出色的运筹能力	10分	
		兼收并蓄，审时度势，完善计划与方案	10分	
		积极开动脑筋，寻求满意的实现途径	10分	
	判断力	明辨是非得失，把握事物的本质与关键	10分	
		善于把握时机做出决断	10分	
		具有客观公正的见解	10分	
		明确表示自己的主张和态度	10分	
		不固执己见	10分	
	协调力	说服对方而不引起他人反感	10分	
		能与形形色色的人打交道，争取多方合作	10分	
		在交涉或会谈之前进行充分的准备和研究	10分	
		在交涉中不卑不亢，富有坚韧不拔的精神	10分	
		善于交谈，善于倾听	10分	
	统率力	能充分调动每一位员工的工作积极性	10分	
		能够对下属的工作提出指导性意见和建议，并使员工能够接受	10分	
		关心下属的思想动态，保持组织内员工的工作热情	10分	
		合理安排组织的工作计划，按时监督、指导和修正组织计划的执行	10分	
		合理安排组织内部每位员工的工作，做到能力与任务、任务与薪酬的平衡	10分	

得分小计：每项实得分累计相加后乘以30%，作为能力绩效的实得考核结果

得分总计：将任务绩效、管理绩效、周边绩效和能力绩效的实得考核结果相加，为最终考核结果
备注：各区域业绩不合格者，得不到区域业绩效奖金

考核者签字：

年　　　月　　　日

6.2.4　人力行政领域管理者绩效考核表

表 6-6 是人力资源部经理绩效考核表。这个表格以任务绩效和责任绩效作为大的指标。任务绩效又细化分为业绩指标、管理项目、人才培养三个方

面；责任绩效划分为商业保密、承担责任、领导力和团队精神。在对这类人员进行考核时，由自己和上级两方来进行打分。每个指标都占一定的比重，这样，在考核时，才能保证更加公平公正。

表 6-6　人力资源部经理绩效考核表

考核时间：　　　年　　月

姓　名		岗　位					得　分		
考核项目	序号	考核指标	权重	指标要求	评分等级		自评	上级	结果
任务绩效	1	招聘达成	10%	提出招聘需求20天内完成，完成需招聘岗位数量90%以上	1.在规定时间内完成人员到岗90%以上得10分 2.在规定时间内完成人员到岗85%～90%得5分 3.其余得0分				
	2	劳动纠纷解决	10%	劳动纠纷在第一时间解决，不扩大事端	1.劳动纠纷解决率达100%，未发生劳动仲裁得10分 2.发生劳动仲裁事件得0分				
	3	业绩指标50%	培训完成	10%	按培训计划组织培训人员	1.培训计划实现率高于90%得10分 2.培训计划实现率为80%～90%得5分 3.培训计划实现率低于80%得0分			
	4	绩效薪资计算	10%	每月25日前提交，无差错	1.按时提交，准确率达100%得10分 2.延时提交或出错得0分				
	5	员工奖惩处理	10%	按制度执行，公平公正	1.按公司制度执行，员工普遍接受得10分 2.出现员工重大投诉事件或违章处理事件得0分				
	6	管理项目(30%)	人力资源报告	10%	每月27日前提交	1.按时提交，可信度在90%以上得10分 2.按时提交，可信度在80%～90%得10分 3.延时提交或可信度低于80%得0分			
	7	工作分析	10%	完成各岗位工作分析，形成工作说明书	1.完成所有岗位工作分析得10分 2.完成90%以上岗位工作分析得5分				

（续）

考核项目	序号	考核指标	权重	指标要求	评分等级	自评	上级	结果
任务绩效	7	管理项目(30%) 工作分析	10%	完成各岗位工作分析，形成工作说明书	3.完成不足 90%岗位工作分析得 0 分			
	8	员工关系管理	10%	员工日常关系维护，职业生涯规划	1.员工流失率低于同期得10 分 2.员工流失率基本与同期持平得 10 分 3.员工流失率高于同期得0 分			
	9	人才培养(20%) 新员工培养	10%	对新员工开展培训，帮助新员工度过试用期	1.新员工试用通过率在90%以上得 10 分 2.新员工试用通过率在85%～90%得 5 分 3.新员工试用通过率低于85%得 0 分			
	10	人力资源专业人才培养	10%	培养主管 2名，专员 2 名	缺少一名扣 3 分			
		加权合计						

考核项目	序号	考核指标	权重	指标说明	考核评分	自评	上级	结果
责任绩效	1	商业保密	25%	1 级：明知商业技术及信息的范围和要点却不对外泄露 2 级：工作期间遵守单位保密协议，并积极宣传正面信息 3 级：不进行商业性信息交易，不透露单位发展的技术及战略 4 级：维护公司商业机密并有实际案例 5 级：影响他人做好商业保密，具有离职后五年不脱密的职业操守	1 级 5 分 2 级 10 分 3 级 15 分 4 级 20 分 5 级 25 分			
	2	承担责任	25%	1 级：承认结果，而不是强调愿望 2 级：承担责任，不推卸，不指责 3 级：着手解决问题，减少业务流程 4 级：举一反三，改进业务流程 5 级：做事有预见，有防误设计	1 级 5 分 2 级 10 分 3 级 15 分 4 级 20 分 5 级 25 分			
	3	领导力	25%	1 级：任命员工合理 2 级：能正确评价员工的付出与回报的协调性 3 级：对员工的业绩与态度进行客观评价 4 级：掌握与岗位相关的精确工作技术并组织实施产生良好效果，将员工培训为可胜任者 5 级：影响力大，员工自愿追随并做出贡献	1 级 5 分 2 级 10 分 3 级 15 分 4 级 20 分 5 级 25 分			
	4	团队精神	25%	1 级：传播必要的信息帮助别人成长或工作	1 级 5 分 2 级 10 分 3 级 15 分 4 级 20 分			

（续）

考核项目	序号	考核指标	权重	指标说明	考核评分	自评	上级	结果
责任绩效	4	团队精神	25%	2 级：与别人合作不会发生情绪上的隔阂，总能让每一位员工参与会议的讨论（目标，决策） 3 级：总能选择最佳的赞誉方式并授权准确 4 级：亲自或协同解决冲突并有好效果 5 级：所处团队成员执行工作氛围良好	5 级 25 分			
		加权合计						
总分				总分=任务绩效考核得分×80%+责任绩效考核得分×20%=				
考核人		签字：				年　　月　　日		

6.2.5　财务领域管理者绩效考核表

表 6-7 是财务经理绩效考核表。这个表格也是很多公司都在用的。财务经理绩效考核指标有核算工作、融资工作、预算工作、成本管理、财务分析、财务监督和学习培训工作七个指标，每个指标都有具体的考核内容。考核者可以根据考核内容对财务经理做一个客观的评价。

表 6-7　财务经理绩效考核表

姓名		部门	财务部	职位	部门经理
直接领导	总经理	考核期	月度	编号	CW-001

个人总目标：
全面负责财务预算、财务决算、会计监督和财务管理工作，配合总经理实现公司融资目标的实现，控制财务费用及各项成本费用的支出，保障公司利润目标的实现

指标项	考核内容	权重	考核指标	考核部门	考核具体解释
核算工作	财务工作指标完成考核	40%	日常业务处理的及时性、准确性，税负控制合理性	总经理	1.报税的及时性（10%） 2.税收总体控制在 4.5%以内（10%） 3.财务报表的准确性（10%） 4.日常流程执行的准确性（10%）
融资工作	提高融资能力，保障公司经营活动的资金需求	20%	资金及时供应	总经理	1.制定公司融资策略和融资计划（10%） 2.协助总经理进行具体融资工作（10%）
预算工作	推行资金预算管理	15%	财务资金预算控制情况	总经理	1.按照公司计划，在公司内部推动资金预算管理机制（10%） 2.控制公司各项费用支出在预算范围合理使用（5%）

（续）

指标项	考核内容	权重	考核指标	考核部门	考核具体解释
成本管理	建立生产成本管理体系	8%	成本控制和管理情况	总经理	建立公司生产成本管理体系，提出成本考核方案
财务分析	实施财务分析体系	5%	财务分析报告质量	总经理	在公司级会议规划范畴内，按季度进行公司整体经营财务分析，提出经营建议
财务监督	建立财务监督体系	7%	对各部门的监督	总经理	建立对各部门财务监控的流程并有效实施
学习培训工作	专业技能培训	5%	财务人员素质提高	总经理	考核内容：年度汇算培训、预算管理培训、纳税筹划培训、财务分析培训、成本管理培训和电算化培训等考核方法：制定财务人员能力提升规划，组织学习和内部交流，由人力资源部门进行统计和调查，给出综合评价

考评说明：

总经理审核：

本人签名：

6.3 各领域岗位员工绩效考核表

在绩效考核时，不仅不同领域的管理者考核标准是不一样的，各领域的员工的绩效考核标准和管理层又是存在区别的。下面我针对几个常见领域的员工绩效考核做介绍，供大家参考。

6.3.1 人力行政领域岗位员工绩效考核表

表 6-8 是人力行政部门员工绩效考核表。在对员工进行考核时，与管理人员存在一定的差别，对员工的考核主要看员工的工作任务完成情况、工作态度和给公司带来多少业绩等，没有管理方面的考核。行政人员的考核由直属上级和副总经理来考核，考核指标主要有工作任务、工作态度、工作能力和纪律性几个方面，内容也相对具体，考核也比较简单。

表 6-8　人力行政部门员工绩效考核表

考核日期：　　　年　　　月

岗位名称		人事	姓名		考核周期			
考核指标及考核内容					配分	直属上级	副总经理	备注
工作任务(45%)	人事/行政/工作计划完成率（20%）	人事、行政和后勤工作计划完成率达 100%，工作质量和工作效率很高，受到公司表扬			20 分			
		人事、行政和后勤工作计划完成率达 100%，工作质量和工作效率较高，受到同事好评			17 分			
		人事、行政和后勤工作计划完成率达 100%，工作质量和工作效率较高			14 分			
		人力、行政和后勤工作计划完成率达 80%以下			11 分			
	办公设备完好率（5%）	办公设备完好率达 100%，维护很好，受到公司好评			5 分			
		办公设备完好率达 100%，维护良好			4 分			
		办公设备完好率在 90%及其以上			3 分			
		办公设备完好率达 90%以下			2 分			
	满意度（10%）	上级和员工对后勤服务满意度达 100%，受到公司表扬			10 分			
		上级和员工对后勤服务满意度达 100%，受到员工好评			8 分			
		上级和员工对后勤服务满意度达 100%，无不良反映			6 分			
		上级和员工对后勤服务满意度达 80%以下			4 分			
	临时工作完成情况（5%）	对于上级领导布置的临时工作，能快速有效地完成，受到公司表扬			5 分			
		对于上级领导布置的临时工作，能快速有效地完成，受到上级领导的好评			4 分			
		对于上级领导布置的临时工作，能快速有效地完成			3 分			
		对于上级领导布置的临时工作，不能快速有效地完成			2 分			
	资料归档（5%）	对于相关工作产生的文件资料，能够及时、正确、完整地分类、整理、归档，并保存完好，受到公司表扬			5 分			
		对于相关工作产生的文件资料，能够及时、正确、完整地分类、整理、归档，并保存完好，受到同事好评			4 分			
		对于相关工作产生的文件资料，能够及时、正确、完整地分类、整理、归档，并保存完好			3 分			

考核指标及考核内容			配分	直属上级	副总经理	备注
工作任务(45%)	资料归档（5%）	对于相关工作产生的文件资料，不能够及时、正确、完整地分类、整理、归档，并且不能保存完好	2分			
工作态度(25%)	主动性与责任感（10%）	能清楚地知道自己的责任，并勇于承担责任；工作积极主动，勇于创新，并能提出合理化建议，被公司采纳，提高了公司的效率和效益，受到公司嘉奖	10分			
		能清楚地知道自己的责任，并勇于承担责任；工作积极主动，勇于创新，并能提出合理化建议，被公司采纳，提高了公司的效率和效益	8分			
		能清楚地知道自己的责任，并承担责任；工作基本积极主动，有创新精神	6分			
		缺乏责任感，工作主动性较差，分内工作需要经常督促	4分			
	遵守公司职业行为规范（5%）	严格遵守公司的规章制度，责任感很强，把维护公司的利益放在第一位，并受到公司嘉奖	5分			
		严格遵守公司的规章制度，责任感很强，把维护公司利益放在第一位	4分			
		严格遵守公司的规章制度，责任感较强，自觉维护公司利益	3分			
		严格遵守公司的规章制度，责任感一般，能维护公司利益	2分			
	团队合作精神（10%）	与他人或部门沟通协调很有成效，受到他人及公司的表扬	10分			
		与他人或部门合作很有成效，受到他人或部门好评	8分			
		与他人或部门合作较有成效，无不良反映	6分			
		能与他人或部门合作，但效果不好，有不良反映	4分			
工作能力(30%)	工作效率和工作质量（15%）	理解力强，能及时正确地处理事务，工作效率和工作质量很高，从无返工现象，受到公司表扬	15分			
		理解力强，能及时正确地处理事务，工作效率和工作质量很高，无返工现象，受到同事好评	12分			
		理解力强，能正确地处理事务，工作效率和工作质量很高，基本无返工现象	9分			
		理解力一般，不能及时正确地处理事务，工作效率较低，经常有拖沓现象	6分			
	沟通能力（10%）	积极与各级人员沟通并倾听，理顺公司各部门间、各员工间的关系，并及时化解各类矛盾，使公司沟通渠道顺畅，气氛良好，受到公司表扬	10分			

（续）

考核指标及考核内容			配分	直属上级	副总经理	备注
工作能力(30%)	沟通能力（10%）	能够与相关人员沟通，理顺公司各部门间、各员工间的关系，并能化解相应矛盾，受到同事好评	8分			
		能够与相关人员沟通，理顺公司各部门间、各员工间的关系，并能化解相应矛盾	6分			
		有一定的沟通能力，能够化解简单矛盾，但遇到较复杂问题时往往缺乏对策，不能解决	4分			
	解决问题的能力（5%）	面对突发或复杂问题，能及时、妥善地解决，无任何遗留问题出现，使公司形象良好，受到公司表扬	5分			
		面对突发或复杂问题，能及时、妥善地解决，无任何遗留问题出现，维护了公司形象	4分			
		面对突发或复杂问题，基本能独立、妥善地解决	3分			
		面对突发或复杂问题，基本不能独立解决	2分			
综合评分						

被考核人签字：　　　　　　部门负责人签字：　　　　　　总经理签字：

6.3.2 财务领域岗位员工绩效考核表

表 6-9 是财务部会计助理绩效考核表。考核指标有关键指标，其中包括各类账务的及时准确率、工资抽查及时准确达标率、物料库存和盘点抽查率、单据审核及时准确率、低值易耗品和办公用品费用控制达标率；关键行为，其中包括报价抽查率，ERP 操作、数据录入的及时准确率，其他管理；工作态度和服务承诺。本表从以上几个方面对会计助理做考核，考核更加全面、公平。

表 6-9　财务部会计助理绩效考核表

考评人：　　　　　　部门审核：　　　　　　　　年　　　月

考评模块		指标名称	目标	权重	考核标准	实际值	得分	数据来源
KPI	关键指标	各类账务的及时准确率（20分）	达标	25%	界定：及时率=每月 8 日前（含 8 日）完成并提交且保证准确无误。计算方式：不及时或不准确一次扣 5 分			

（续）

考评模块		指标名称	目标	权重	考核标准	实际值	得分	数据来源
KPI	关键指标	工资抽查及时准确达标率(20分)	达标	20%	界定：及时=当月 15 日前抽查上月工资实况；抽查率不低于工人总数的15% 计算方式：每下降 1%扣 2 分			
		物料库存和盘点抽查率（10分）	达标	10%	界定：抽查账物卡数据是否一致，对库存数量抽查 5% 计算方式：每降低 1%扣 2 分			
		单据审核及时准确率（15分）	达标	10%	界定：根据公司财务监督要求，及时、准确地审核各类发票、进销单据及内部各类收发和临时申购单据 计算方式：不及时或失误一次扣 5 分			
		低值易耗品和办公用品费用控制达标率(10分)	达标	10%	界定：按照办公消耗品领用标准执行，定期抽查当月低值易耗品、办公用品领用状况与控制。 计算方式：当月没有抽查或不交抽查数据扣 12 分，费用超标一项扣 5 分			
	关键行为	报价抽查率（5分）	达标	5%	界定：每月对销售部门的报价实施抽查，抽查率不低于总报价数的 10% 计算方式：每下降 1%扣 5 分			
		ERP 操作、数据录入的及时准确率（5分）	达标	5%	界定：按照 ERP 操作规则作业，不影响 ERP 软件的运行。在当天或预定的时间内准确地录入数据与制作报表 计算方式：不及时或不准确一次扣 5 分，违规操作一次扣 10 分			
		其他管理（5分）	符合要求	5%	界定：根据部门整体工作状况，团队做好协调和沟通 计算方式：团队出现不和谐行为扣 3 分			
工作态度和服务承诺		工作态度（5分）	符合要求	5%	界定：工作态度积极主动，工作质量高；工作失误次数少，没有造成严重后果 计算方式：当月工作失误超时 2 次且造成严重后果扣 2 分			
		服务承诺（5分）	符合要求	5%	界定：违反公司制度、流程及没完成事情承诺等相关规定 计算方式：每次扣 2 分			
合计		100 分		100%				

绩效总结：

审查：　　　　　　审核：　　　　　　批准：
　年　月　日　　　年　月　日　　　年　月　日

注：1. 关键指标和关键行为等项目扣分不成正比，扣完为止。
　　2. 工作态度和服务承诺等项目扣分不成正比，可以倒扣。

6.4 不同职位员工绩效考核表

公司中有多个岗位，不同岗位的绩效考核标准也是不同的。例如，导购员、呼叫中心人员、前台、行政等岗位的绩效考核标准是不同的。

6.4.1 导购员绩效考核表

表 6-10 是导购员绩效考核表。在对导购员进行考核时，主要从业绩完成率、考勤管理、仪容仪表、服务规范及产品熟知度、卫生情况、主动意识和团队精神这几个方面来进行考核。考核实行百分制，由店长和监察部对导购员进行打分。这种考评方式更加详细、公平、合理。

表 6-10 导购员绩效考核表

被考核人：		考核月份：		得分：		
考核指标	权重	考核内容	分值	店长评分(70%)	监察部评分(30%)	最终得分
业绩完成率	20%	业绩完成率=完成的业绩/任务值×20%	20 分			
考勤管理	20%	迟到、早退、病事假、脱岗和旷工等严格按照公司考勤管理制度执行	20 分			
仪容仪表	10%	淡妆上岗，工服穿着整洁，工牌佩戴整齐、规范	6 分			
		上班精神饱满，无倦容	4 分			
服务规范及产品熟知度	25%	与顾客相距 1 米时主动问好，使用标准用语"您好""请""再见"等	5 分			
		积极主动接待顾客，询问顾客需求，及时解答客户疑问	7 分			
		严格按照项目的规定时间提醒客户	5 分			
		熟悉门店各项目价格及时间	3 分			
		熟悉门店的促销情况	3 分			
		熟悉区域商品库存情况	2 分			

（续）

考核指标	权重	考核内容	分值	店长评分(70%)	监察部评分(30%)	最终得分
卫生情况	15%	随时保持柜台、地面和墙面等卫生，无污渍、水渍和杂物等	5分			
		随时保持设施设备表面卫生，无污渍、水渍和杂物等	5分			
		柜面、台面保持整齐、美观	5分			
主动意识和团队精神	10%	主动配合完成上级安排的工作	5分			
		团队配合度强	5分			
合计	100%		100分			
优势						
不足						
改进计划						
考核人签字				店长签字		
监察部签字				总经理签字		

注：优势、不足和改进计划应由考核人以文字形式填写，不需要再进行评分。

6.4.2 呼叫中心客服绩效考核表

表 6-11 是呼叫中心客服绩效考核表。该表格是从呼叫中心客服人员的处事能力、纪律性、客户服务、业务量、团队合作、月考、总结并提出合理化建议这几个指标来考核的。考核由自评和部门主管评分两部分组成。同样是采用打分的方式来对呼叫中心客服人员进行评价的。这种考核方式对呼叫中心客服人员来说更加公平公正。

表 6-11 呼叫中心客服人员绩效考核表

岗位名称：　　　　　　姓名：　　　　　　　考核时间：

考核项目	考核内容	分值	自评	部门主管
处事能力(10%)	具有独立处事的能力，遇到问题能独立解决，处事过程中没有发生错误和过失	10分		
	独立处事能力一般，遇到问题不能独立解决。请教同时后，处事过程中没有发生错误和过失	8～9分		
	理解能力一般，遇到问题也不请教，同时发生过失和错误1～2次，但能及时上报	6～7分		

（续）

考核项目	考核内容	分值	自评	部门主管
处事能力 （10%）	理解能力一般，发生过失，错误 1~2 次，并且隐瞒过失和结果，造成严重影响	4~5 分		
	理解较差，处事能力差，隐瞒过失和结果多次	0~3 分		
纪律性 （10%）	自觉遵守公司的规章制度，当月没有发生请假、迟到、早退或旷工等情况	10 分		
	本月有请假、迟到或早退等情况 1 次，无旷工现象与违反公司其他制度行为	8~9 分		
	本月有请假、迟到或早退等情况 2 次，无旷工现象与违反公司其他制度行为	6~7 分		
	本月有请假、迟到或早退等情况 3 次，无旷工现象与违反公司其他制度行为	4~5 分		
	对本公司的规章制度理解不到位，执行力度不强，通报批评 1 次	0~3 分		
客户服务 （30%）	受理客户问题热情，态度诚恳，服务用语规范，对公司产品知识与服务流程十分熟悉，回答问题严谨，思路清晰，顾客反映良好	30 分		
	受理客户问题热情，态度诚恳，服务用语规范，对公司产品知识与服务流程不熟悉，但能尽快解决客户疑问，顾客反映良好	22~29 分		
	受理客户问题态度一般、散漫，对公司产品知识与服务流程十分不熟悉，问题回答漏洞百出并误导客户，服务用语不规范，严重影响公司服务形象，客户产生投诉	15~21 分		
	受理客户问题态度一般、散漫，对公司产品知识与服务流程十分不熟悉，问题回答漏洞百出并误导客户，服务用语不规范，严重影响公司服务形象，多次产生客户投诉	9~20 分		
	不礼貌对待客户，与客户产生对话冲突，欺骗客户，导致客户流失，遭严重投诉，严重影响公司形象（建议停职）	0~9 分		
业务量 （30%）	100%完成各业务量要求，无质量问题	30 分		
	100%完成各业务量要求，有问题产生及时补救，未造成影响	22~29 分		
	95%完成各业务量要求，有问题产生及时补救，未造成影响	15~21 分		
	95%完成各业务量要求，有问题产生未及时补救，造成影响	9~20 分		
	90%完成各业务量要求，有问题产生未及时补救，造成严重影响	0~9 分		
团队合作 （10%）	爱护团队，完成自己本职工作并常协助他人，对团队有持续性激情，带动团队的活跃性	10 分		

（续）

考核项目	考核内容	分值	自评	部门主管
团队合作（10%）	工作协调性尚可，维护团队声誉，完成本职工作，热情配合团队营造激情气氛	8～9 分		
	仅在必要时与其他人协作，缺乏主动性和团队意识，对工作热情度不高	6～7 分		
	团队意识散漫，不与其他人合作，个人原因造成团队工作滞后，工作缺乏激情	3～5 分		
	拒绝帮助同事，严重影响部门团结，在公司造成严重影响，对本职工作应付完成	0～3 分		
月考（5%）	月考成绩在 90 分及其以上	5 分		
	月考成绩为 75～89 分	1～4 分		
	月考成绩在 75 分以下	0 分		
总结并提出合理化建议（5%）	按要求完成日志、周报、月报、年终总结，总结问题提升业绩，同时对团队提升提出建设性意见并被采纳	5 分		
	完成日志、周报、月报、年终总结，多次积极提出意见	3～4 分		
	未完成日志、周报、月报、年终总结，对团队建设缺乏热情，表现不积极	0～2 分		
被考核人签名：		总评		
考核日期：		经理确认		

6.4.3 前台接待绩效考核表

表 6-12 是前台接待绩效考核表。在对这类人员考核时，主要从 4S 管理、劳动纪律、团结合作和岗位绩效工资等指标进行的。以这些指标来考核包括了前台工作的各个方面，把他们的工作分值化。考评人通过对前台日常工作的一个打分来评判前台工作的优秀与否。

表 6-12 前台接待绩效考核表

部门：　　　　　　　　　姓名：　　　　　　　　　岗位：

考核项目	标准分	考核内容	扣分标准	得分	考评人	总分
4S 管理	3 分	办公区域内各类资料、文件、图书、工具和办公用品应摆放整齐有序	随意摆放，文件散落，工具乱丢，办公桌面杂乱等情况，扣除考核分（1 次 1 分）			

（续）

考核项目	标准分	考核内容	扣分标准	得分	考评人	总分
4S 管理	3 分	办公环境应干净、整洁，垃圾废水及时处理，桌面清洁无灰尘	乱扔垃圾，每天产生的垃圾不处理，地面有废水，办公桌面有尘土等情况者，扣除考核分（1 次 1 分）			
	3 分	公司不定期组织集体大扫除，应积极参与，认真打扫，发现有杂物时及时清理，保持办公区清洁	对场区及办公区的杂物垃圾视而不见，以及消极对待打扫卫生的集体活动，敷衍了事等情况，扣除考核分（1 次 1 分）			
	3 分	个人仪表应大方得体，工作服应干净整洁	奇装异服，工作服使用不规范，不及时清洗及有损公司形象等情况，扣除考核分（1 次 1 分）			
劳动纪律	3 分	场区周边区域应无垃圾、废水等人为污染情况	垃圾乱扔，废水倾倒在场区或大门外路面等情况，扣除考核分（1 次 1 分）			
	4 分	服从公司的各项工作安排，积极、主动，按时按量地完成所交代的任务	借口推脱，态度恶劣，不服从安排等情况，扣除考核分（1 次 2 分）			
	4 分	遵守公司制定的考勤制度，无迟到、早退现象，有请假的情况应提早向有关部门主管申请，获得批准后方可执行	有迟到、早退现象，无故请假，超假，不办理补假手续，以及发现事实与请假内容不相符等情况，扣除考核分（1 次 2 分）			
	4 分	上班时间应积极工作，提高工作效率，按时按量地完成岗位工作任务，办公场所遵守秩序，不大声喧哗，不嬉戏打闹	脱岗、睡岗、串岗、酒后上岗，上班时间做私人事情及办公场所不遵守秩序，工作态度随意等情况，扣除考核分（1 次 2 分）			
	3 分	办公用品、消耗品和工具按照规定办理相应领用手续，消耗品（如胶带、打印纸、玻璃胶等）应节约，不浪费，对未使用完的应及时上交或妥善保存	破坏公物，恶意使用工具导致损坏，未用完的消耗品随手乱丢等情况，扣除考核分（1 次 1 分）			
团结合作	4 分	在公司任职期间，以公司利益为主，保护公司机密，维护公司形象	泄露公司机密，搬弄是非，损坏公司形象等行为，扣除考核分（1 次 2 分）			

131

（续）

考核项目	标准分	考核内容	扣分标准	得分	考评人	总分
团结合作	3分	人员相互配合工作中，应主动积极，以完成工作为目标相互协作	消极懈怠，溜奸耍滑，逃避责任等情况，扣除考核分（1次1分）			
	3分	同事间相互友好，有礼貌，有团结心	工作期间发生口角，斗殴、议论他人是非等情况，扣除考核分（1次1分）			
岗位绩效工资	8分	注重个人仪容仪表，不得在上班时间干与工作无关的事情	在上班时间干与工作无关的事，扣除考核分（1次2分）			
	8分	接听客户来电和接待客户来访时，应该主动、热情礼貌，耐心地回答客户的咨询	接听来电时语气不温和，接待客户时不主动、不礼貌，扣除考核分（1次2分）			
	8分	做好客户的来电与来访登记，当客户咨询到不便回答的问题时，应委婉告知	客户来电或来访未登记，与客户有言词冲突，扣除考核分（1次2分）			
	8分	离开前台时必须找人代替值班，不得擅自离岗	发现前台无人值班，扣除考核分（1次2分）			
	8分	需要回复客户的任何信息，及时做出回复，不得拖延	未及时回复，造成客户投诉的情况，扣除考核分（1次2分）			
	8分	对出现的突发事件，应及时上报相关部门处理，并做好相应记录	未及时上报处理，出现事态严重，扣除考核分（1次2分）			
	6分	定时清理前台环境卫生，保持干净整洁	发现卫生不整洁，脏乱，扣除考核分（1次2分）			
	6分	领导交办的各类临时性工作，认真执行到位	临时性工作按照执行不到位等情况，扣除考核分（1次2分）			
其他						
评语及需改进的方面：						
考核结果：						

6.4.4 行政文员绩效考核表

表 6-13 是行政文员绩效考核表。对行政文员的考核主要有能力和态度两个指标。能力指标包括文件制作与传递、文件档案管理、考勤管理、会务

组织、接待安排、文字打印与复印这几个方面；态度指标主要包括团队精神和协作性两个方面。这些细化的内容包含了行政文员在日常工作中的所有职责，从这些方面来对行政文员做考核，更加有效、真实，也更加方便。

表 6-13　行政文员绩效考核表

姓名：　　　　部门：　　　　岗位：　　　　年　　月　　日

考核指标		权重	指标要求	评分规则	得分
能力指标(85%)	文件制作与传递	20%	文件的制作、传递有标准的流程，及时准确率在95%以上	1.完成目标值要求得 20 分 2.及时准确率达到 85%以上得 10 分 3.及时准确率为 80%~85%得 5 分 4.及时准确率低于 80%得 0 分	
	文件档案管理	20%	档案存放整齐无缺失，有目录，借阅方便，有流程	1.完成目标值要求得 20 分 2.有小瑕疵但影响不大得 10 分 3.档案杂乱不完整得 0 分	
	考勤管理	20%	考勤管理公正公平，无投诉，统计准确率在95%以上	1.完成目标值要求得 20 分 2.达到 90%以上得 10 分 3.85%~90%得 5 分 4.低于 85%得 0 分	
	会务组织	20%	会务安排得当无投诉，满意度在85%以上	1.完成目标值要求得 20 分 2.达到 80%以上得 10 分 3.70%~80%得 5 分 4.有投诉或满意度，满意度低于 70%得 0 分	
	接待安排	10%	礼貌待客，充分体现企业形象。有执行标准流程，无投诉	1.完成目标值要求得 10 分 2.按照标准流程完成接待得 5 分 3.未按标准完成接待或出现客户投诉得 0 分	
	文字打印与复印	10%	打印、复印及时，一次准确率在95%以上	1.完成目标值要求得 15 分 2.一次准确率在 85%以上得 10 分 3.一次准确率在 80%~85%得 5 分 4.一次准确率低于 80%得 0 分	

（续）

考核指标		权重	指标要求	评分规则	得分
态度指标(15%)	团队精神	50%	1 级：大方传播必要信息以帮助其他行政文员成长或工作 2 级：与其他行政文员合作不会发生情绪上的隔阂，总能让对方感到舒心、轻松 3 级：总能选择最佳方式称赞其他行政文员 4 级：与其他行政文员协同解决冲突并取得良好效果 5 级：能与其他行政文员和谐工作，保持团结	1 级得 10 分 2 级得 20 分 3 级得 30 分 4 级得 40 分 5 级得 50 分	
	协作性	50%	1 级：事不关己，高高挂起，还经常牢骚满腹。对本职工作不满，挑挑拣拣 2 级：工作中偶尔发牢骚，表示对本职工作不满 3 级：大体上能与同事保持和睦相处、互相帮助的关系 4 级：能够与同事协作共同完成工作目标 5 级：能经常不计个人得失，为自己所在部门进行协作	1 级得 10 分 2 级得 20 分 3 级得 30 分 4 级得 40 分 5 级得 50 分	

总分：（能力考核得分×85%）+（态度考核得分×15%）=

被考核人签字：　　　　　　　　　　　　　　考核人签字：

第 7 章 再牛的业务数据，也逃不出一个漏斗

我们都知道，我们现在处在一个大数据的时代，在各个方面都离不开大数据的支持。尤其是对公司的大老板而言，业务数据很重要。只要有这些数据，再加上精准的分析，公司就可以准确地把握市场行情，从而调整方向，保障公司的健康发展。

大数据项目侧重于系统和数据集成的技术层面，但如果公司对其拥有的所有系统都有全面的了解，那么公司就会从这些大数据项目中获得更多的价值。例如，在 IT 部门，如果你了解到将有多少系统可能会从单个大数据项目中受益，你就可以将大数据业务能力提升，并能开发出比最初设想的更多功能。再牛的业务数据也逃不出一个分析漏斗，数据之间都是相通的。

7.1　业务部门数据

怎么做业务部门的数据分析呢？我认为主要有内部构成数据和询盘数据两个步骤。做好业务部门的数据可以帮助公司实现良好发展。

7.1.1　内部构成数据

公司的内部构成数据主要供公司内部的工作人员使用，通过数据来驱动和决策公司内部的所有业务。通俗地讲就是利用公司的内部数据来驱动公司内部的数据化运营。

某企业以电商为主要业务，在企业的运营中，各个部门都会产生大量的数据，这些数据都是供企业内部使用的数据。企业通常都会产生哪些内部数

据呢？要知道这些，首先，该企业应该知道这些部门的关键绩效指标（KPI）是什么，如果连关键绩效指标都不了解，又怎么能更好地利用内部数据呢。例如，销售部门的关键绩效指标基本就是销售额、客户数量和销售毛利成本，营销部门的关键绩效指标就是消费者流失转化率，市场部门的关键绩效指标就是流量和新客。

那么，该企业知道各个部门的核心关键绩效指标后，才会知道内部数据是从哪里来的。采购部的小张是这么回答的：早上我来上班后，想了解一下前几天我负责的业务的进展情况，通过基础数据报表我就能查看进展情况，报表应该符合以下条件：

（1）包含以往的数据信息。如果我想看某一个时间段的数据，也能立马显示出来。这样，如果数据存在问题，再根据整体的趋势，就能分析出问题的根源。

（2）数据的指标越多越好。如果这几天的销售额不是很好，我会立马查看最近的订单数是不是也减少了。如果订单数没少，那就是单个产品的均价降低了。然后我会寻找单个产品均价降低的原因，是产品结构的原因，还是产品搞活动而使门槛降低导致的。通过各个指标，很容易就能找出数据变化的原因。

（3）数据范围越细越好。例如，数据的范围包含全国的各个省份，各个省份的各个城市。这样，如果销售额出现了变化，我就能看出是哪个省哪个城市的产品出现了问题，这样，就可以根据变化地点的具体情况进行有针对性的分析。

从早上 10 点到下午 6 点，一般是销售业绩的高峰阶段，这个时候通过一张实时监控数据报表，我就能对整个时间段进行监控，如果发现问题，也能及时解决，这样就能够帮助企业尽快地做出营销方案的调整。

在企业内部会议时，领导一般会问我最近一段时间的业绩情况，我会提前准备一些数据：

（1）最近一段时间的绩效数据。根据绩效数据报表，就能够分析出我最近的业绩情况，也能很清晰地显示我最近的业绩是上升了还是下降了，最近的业绩有哪些问题等。

（2）最近的业绩情况。通过对一些报表数据的分析，就能发现问题。例如，从报表数据中，发现消费者的再次购买率下降了，那我就可以分析是因为老客户的再次消费率降低了，还是最近购买的新客户数量少了。

如果是老顾客的再次购买率降低了，我需要进一步分析原因，是竞争对手产品的活动力度大，还是因为产品的推广力度不够，或者因为消费者对产品本身失去了购买的兴趣。分析出原因之后，我就能够及时针对问题制订出调整方案。如果因为竞争对手的产品活动力度大，那我就需要重点关注竞争对手的产品活动情况，从而改变企业产品的营销策略。如果是产品的宣传推广力度不够，我一般会从以下几个方面入手优化：

（1）优化产品的主标题和副标题，增加消费者的搜索触达率。

（2）通过站内广告位，加大产品的推广宣传力度，和其他类型的产品捆绑在一起做联合促销。

（3）优化产品的导购属性信息，帮助消费者精准触达。如果是产品本身的问题，可能就需要引进新的产品。

7.1.2 询盘数据

询盘数据涉及价格、规格、品质、数量、包装、装运及索取样品等各个方面的数据。如何对询盘及客户的信息做数据分析？怎样提高询盘量？

1．你要知道你经营的是什么

你的公司经营范围是什么？是小商品还是服装，是机械还是电器？做不好产品就做不好询盘，这是你必须明白的道理。你的公司产品有什么独特之处，产品的属性是什么？你开公司最主要的目的是获得利润，因此，你需要向客户展示你的产品到底好不好。

2．明确产品的定位

对产品清晰地定位就是你需要明白你的产品跟其他同行业公司的产品相比有什么优势，你的公司产品的价格是不是比他们低，产品质量是不是比他们好，品牌影响力是不是比他们更广。如果你的公司产品的价格也不行，质量也不好，品牌压根没什么影响力，那你需要花费更多的心思来对产品定位。如果你的公司一点拿得出手的优势也没有，那么产品瞬间就失去了竞争力，咨询的客户必然会少，从而影响询盘量。

有些人问我："怎么明确产品的定位呢？"通俗地讲，产品的定位就是明确产品的服务对象层次、年龄。例如，你的公司是做高档次中年女装的，那么你的产品定位就是高档次中年女性。如果你不知道你的产品适合什么样的定位，你可以跟同行业的公司进行对比，买两个样品比一比质量，这都是办法，对比一下产品的异同。同时，了解其他同行业公司的产品定位是什么样的。如果这个问题你解决了，就很容易定位了。

3．发布高质量产品信息增加询盘量

做高质量的产品更容易增加曝光量，但是如果你最基础的东西都做不了，这样会很容易影响后续的过程，增加询盘量最重要的就是曝光量。要是你的公司产品无人问津，你的公司就无法很好地经营下去。那怎么提高曝光量呢？最有用的就是提高搜索排位，因为大部分客户在找产品时，还是靠搜索。

7.2　公司的大数据怎么操作

公司在运营过程中，会产生大量的数据，例如，初步接触数据、需求分析数据、展示引导数据和客户成交数据等。这些数据往往都是杂乱的，你需要进一步整理、分类，把数据理清。理清之后，怎么操作这些数据才能保证数据为你所用？下面将分别介绍各类数据的操作。

7.2.1　初步接触数据

如果你对数据一无所知，首先要做的就是接触数据，了解数据。一般来说，初步接触数据可以采用分类、聚类、关联、回归、时间序列分析、离散序列分成、偏差分析、贝叶斯和神经网络等方法。

1．数据接触方法之分类

例如，你在某银行工作，每天你都会收到很多信用卡办理的申请，客户在办理业务的时候也会产生一部分数据，这是你要初步接触的数据，如果你想用这些数据来做进一步的分析，你会怎样考虑呢？

银行会产生大量的数据，你可以先把这些数据分为高、中、低三种类型，这样就对数据进行了分类整理。当有客户来办理业务时，通过数据分类，你就可以将客户的信息对应进去，从而提高工作效率。以上的方法就是数据分类，这类接触方法的弊端就是必须要手动输入每个数据并进行分类，根据数据的属性对新产生的数据继续分类。

2．数据接触方法之聚类

聚类与分类差不多，也是找出属性和类别相同的数据，不同的是数据的类别不是事先制定的，而是在初步接触数据时自己归类的。

例如，你的公司是一家销售类公司，公司收集了很多客户的资料，记录了客户的年龄和收入。你通过对这些数据进行分析，就可以找出重点营销的客户对象。你可以指定输入列为年龄和收入，经过聚类数据分析后，你发现客户群可以划分为三个群体：低收入年轻客户、高收入中年客户、收入相对低的年老客户。根据这样的分析结果，你可采取决策，重点针对高收入中年客户进行营销活动。

3．数据接触方法之关联

例如，在美国一家超市里有这样一种现象：尿布和啤酒摆在一起出售。虽然这种搭配方法你觉得很奇怪，但结果却是尿布和啤酒的销量都增加了。为什么会出现这样的现象呢？原来，美国的妇女经常会嘱咐她们的丈夫下班以后要为孩子买尿布，而丈夫在买完尿布之后又要顺手买回自己爱喝的啤酒，因此啤酒和尿布在一起购买的机会还是很多的。

上述这个例子经常会被用到，但是都是在超市的搭配销售上。你试着换一种角度去想，超市记录了大量的交易数据，只要对这些交易数据做一下关联分析，就很可能会得到不少价值巨大的商业机会。上述这个"尿布+啤酒"的例子，就是应用了关联分析，如果你发现尿布和啤酒两个东西经常被一起卖掉，你肯定会把它们放在一起销售。关联分析主要用来找出某些东西"摆在一起"的机会。我们上网上商城购买东西，你每选择一个商品，就可能会向你推销一堆别的商品，这很可能就是关联分析的作用。

4．数据接触方法之时间序列分析

例如，炒股的人都想预测明天是涨还是跌，怎么预测呢？这就需要通过数据。在炒股的过程中，你已经积累了大量的历史数据，根据这些数据，你是可以预测的。某股票已经连续涨了 3 天，明天会不会再涨呢？某股票连续跌了 7 天，明天应该不会再跌了吧？

再例如，你是产品销售公司的老板，在某些节假日时，你想要对某些产品进行重点销售，以求可以卖出更多，在各个节假日，应该主推什么产品好呢？实际上在你的收款系统中，记录了大量与时间相关的销售数据，如果对这些数据做一下时间序列分析，你一定会找到更大的商机。

5．数据接触方法之离散序列分析

某网站平台对访问者的操作行为进行了数据调查统计，调查结果显示：访问者进入首页后，有 30%的人会首先浏览天气，40%的人会首先看新闻，20%的人会先看股票。

以上的数据分析对于优化网站是很有帮助的，上述的分析就用到了数据的离散序列分析技术，输入列是一系列有次序的数据，通过这些有次序的数据就能预测另一种数据的变化情况。

6．数据接触方法之偏差分析

例如，银行都有监控系统，如银行卡异常使用情况的监控系统，如果发现某些银行卡行为与客户往常习惯不一样，会发出警告。

信用卡每次使用情况，如使用的时间、刷卡的金额、刷卡的地点和刷卡的消费数据等信息，银行都会记录下来，系统通过对历史数据的识别、分类，就会形成一种习惯。一旦信用卡的再次消费和以前有很大区别时，系统就会发出警告。这种偏差分析的原理就是用正常的数据去训练系统，由系统去判断新数据是否存在异常。

7．数据接触方法之贝叶斯分析

贝叶斯分析是一种根据历史事件发生的概率来推测未来的方法，它是由伟大的数学家托马斯·贝叶斯（Thomas Bayes）所创建的。

该方法运用了这样的原理：前期发生了很多事情，这些事情都发生了，事情发生的概率是多少？前面发生的这些事都是后面发生事情的前提，前提事情越多，分析起来就越复杂，分析的结果也会越准确。

例如，为什么汉堡、薯条和可乐就成了绝配？你去麦当劳就餐时，也喜欢这样搭配吗？这是麦当劳从数据中发现的。麦当劳的工作人员发现，很多顾客喜欢把这三样东西放在一起来购买。于是，麦当劳就把这三样食品组合到一起作为套餐来销售，这样的套餐出来后，销量大大增加。对于这个案例，前提事件就是消费者购买汉堡包和薯条，要预测的事件就是消费者是否会购买可乐，结果就是 70%的人会购买。这就是运用了贝叶斯原理。

8．数据接触方法之神经网络

为什么我们可以想很多事情？为什么我们充满了智慧？主要是因为我们的大脑拥有数量庞大的神经细胞。我们刚出生时，大脑几乎是空白的，随着我们的慢慢长大，在成长的过程中遇到了很多人，经历了很多事，我们会思考，这些就会形成我们头脑中的数据。例如，我们认识了某个动物，当我们见到同样品种的动物时，我们会判断这也是它们的同类，如果这些信息用计算机来识别就会显得死板。

神经网络方法其实就是通过计算机来构造类似于人脑的神经网络，再通过一些后期的训练，网络也能跟人一样识别某种细腻的情感。例如，现在的文字识别、指纹识别和人脸识别都是应用了神经网络技术。通过数据训练，你可以在输入列与可预测列之间找到合适的神经网络，然后进行大数据的挖掘。

7.2.2 需求分析数据

在当今的大数据时代，很多公司的老板更侧重于把关注点放在"产品"身上，而忽略了用户真正的需求，这些老板都想为客户提供一个"可用、易用、好用"的产品，但实际上虽然产品做得好，却不懂客户的需求，做出来的产品客户不需要，就算产品再好，也是没有市场的。产品不是运营的最终目的，了解市场需求才能为终端用户服务，或者说为用户创造价值才是最终目的，怎么做出用户需要的产品，那就需要利用大数据的便利，分析出客户的需求。

需求分析数据从哪里来呢？一般来说，产品由公司的目标消费者和营销模式等因素来决定，也就是说，你需要根据消费者需求来做产品。为什么淘宝和京东，今日头条和人民日报在市场上会同时存在？因为消费者有需求。但是每个企业的侧重点都不一样，所以就可以同时存在，然而你不仅仅需要关注产品，更重要的还需要去思考产品的受众范围。

那么，你怎么才能更迅速地逐步达到产品的终极目标，也就是分析用户的需求这一步呢？如何利用需求分析数据明确产品目标呢？

对你需要解决的问题进行详细的数据分析，但前提是明白数据分析的目的、要求。例如，你想要对哪些数据进行分析，通过数据分析你想得到什么结果。

需求分析数据的应用范围很普遍，不管你做什么工作，开展什么项目，在开始阶段都要经历需求分析数据。如果你在工作之前没做需求数据分析就急于开展工作，不仅是盲目且低效的，结果往往也会以失败告终。产品的需求分析数据，不仅仅是消费者的需求数据，还有公司、平台和服务提供者等所有利益相关者的需求数据，如果你只关注其中一方的数据，就可能导致其他的利益相关者得不到满足，最终影响产品的正常营销。

例如，现在较热门的一个问题，怎么让更多的人使用拼车功能。现在的滴滴出行很方便，但是对于一些用户而言，滴滴还没有真正走进他们的生活，在拼车功能上他们用得不是很多，如何让用户更多地使用拼车功能就成了一个问题。

如果你想要到达一个目的地，而其他的乘客和你去相同的目的地，这样，你就可以利用拼车功能，这也是减少车费的重要途径。那么，怎么才能让更多的人使用拼车功能呢？

对于公司来说，如果拼车功能的使用率提升了，就有效地减少司机的资源闲置率，车辆的使用率也会相应提升，减少车辆管理，减少自由车辆和车牌的需求数量，更重要的是可以减少汽车尾气对环境的污染，同时也缓解了交通拥堵的压力。对于滴滴司机来说，利用自己的私家车，可以减少空驶率，在上班的途中就可以顺便接单，增加了额外的收入。从商业的角度看，现在的网约车受到了不少限制，造成了车辆减少，人们在出行之中也有了很多不便，因此，提升拼车功能的使用率也是非常有必要的。

如果从消费者的角度出发，在进行数据分析时首先做基础数据分析，分析什么类型的消费者会经常打车。通过数据调查显示，一般经常打车的人有这几种类型：经济基础比较好的人，打车比乘坐公交更舒适一些；着急去某个地方的人，为节省时间，会选择打车；自驾车被限号出行的人；附近没有其他交通工具，只能选择打车的人；希望能在出行过程中体验到舒适服务的人；想通过打车认识新朋友的人；要去的目的地自己不熟悉，需要熟悉路线的司机带路的人；会使用智能手机软件的人。

从数据分析的结果中我们就可以清晰地看出想要打车的人群特点。那么，有哪些人会选择使用拼车功能？他们在什么情况下会使用拼车功能？根据数据分析结果显示，一般想要节省时间，但又不想花费太多费用，没有其他的交通工具可以选择，又想环保的人会选择拼车。总体来说，消费者使用拼车功能的欲望并不是很强烈。基于上述的数据分析结果，怎样才能让更多的消费者使用拼车功能呢？

排除一些概率比较小的数据分析结果。例如，乘客想要通过打车认识更多的朋友。这个原因从心理学的角度来讲，人们在陌生的环境中为了避免尴尬一般是不喜欢和陌生人接触的，除了极少数社交能力很强且很善言谈的乘客之外，这种原因是不会大范围发生在乘客身上的。像这种结果，我们就可以忽略。剔除了小概率的事件，就只剩下利益驱动了。在一定的条件下，如果价格相对较低，乘客一般会选择打车。但前提是，乘客希望能节省在路上耗费的时间，想要在最短的时间内到达目的地，这种情况下，乘客会选择打车出行。

那么，利用什么条件才会吸引乘客选择拼车呢？我认为，最主要的是明确拼到车及接到乘客的时间。如果乘客能一眼就看出多长时间可以出发，路上预计需要多长时间，同时，增加一同拼车人的信任，就会有很多人选择拼车。现在很多人不选择拼车，其中一部分的原因就在于不信任同时拼车的乘客。

滴滴平台的实名认证，能够减少乘客与陌生人之间的距离感，拉近彼此的距离，这样在乘车途中，也不会感到尴尬。例如，可以拼车之后建一个小群，大家可以在小群里聊天，打破陌生人的界限，逐渐熟悉成为朋友，在后续的过程中再进行兴趣标签的匹配，增进了解。对于相同目的地的乘客，可以通过数据匹配告诉乘客，对方经常在某两个地点之间往返，路途也比较熟悉，这样，就可以有限匹配给对路程不熟悉的乘客。通过车辆的使用推荐，根据乘客在日常生活中的出行习惯来进行最优推荐方案。

根据数据需求分析的结果，你就可以了解你们公司的客户需求，公司的产品面对什么样的客户，并且了解客户的消费特点，从而制订出最适合产品的营销方案。为什么需求分析数据那么重要？主要是因为通过数据我们可以明确了解我们所做产品的目的及产品所面对的客户群体等。这一切都有可能增加产品的销量，提升企业的效益。

在利用需求分析数据时有几个关键的问题：企业产品的定位；产品所面对的客户群体；做这款产品的目的；这款产品帮助客户解决了哪些问题；产品会给客户带来什么样的体验；产品营销的预期效果；产品的运营成本；投入产出比是否合理；有没有其他的备用方案；如果是运营需求，提高产品的运营效率后会给客户带来什么样的价值。

我列举拼车的例子就是告诉大家利用大数据可以为你的公司做很多事情。尤其是在做用户需求分析时，需求分析数据就是很重要的因素。不仅是在交通行业，在任何一个行业都会用到需求分析数据。因此，作为一个公司的老板，你要掌握数据分析的技巧。根据需求分析数据探测市场行情，维持公司的健康运转。

7.2.3 展示引导数据

李老板很欣赏公司的员工小刘。小刘是公司的秘书，他是一个很有才华的人，由于公司规模还不大，所以，小刘身兼数职。有一次，李老板跟一个客户谈业务，带上了小刘，李老板一直在灌输理论思想，聪明的小刘正好做了这款产品的数据分析，于是就请示李老板。小刘将他做的数据呈现给客户，数据很清晰。最终，在小刘的帮助下，李老板拿下了订单。

展示引导数据本身是为了更加清晰、有效地传达信息，最终说服对方。在这里单纯靠理性有时候是不能说服客户的，我们需要采用更加直观的方式直击要害。只有为理性的数据披上感性的外衣，才能成为直击人心的"糖衣炮弹"。

在公司的对外业务中，展示引导数据可以帮助公司更快拿下订单。数据的展示向对方展示了你缜密的逻辑顺序，也展示出你在业务上的专业程度。在当今的很多公司中都喜欢用数据来表达自己的观点，这也成了一种大众的方式，如果你在做分析报告的时候还只是长篇大论的文章，对方不能一眼看出你的观点，也会给对方留下不好的印象，这样的公司也必定无法长远发展。

做数据展示的最主要目的就是说服别人，如果这一点都做不到，后续的环节也会更加艰难。在做数据的展示时，想要说服对方，最重要的是观点要明确，论据要充分，思维要严谨。所以，数据展示的关键点不是罗列几张图片和表格就可以了，还需要把逻辑顺序梳理清楚。像给大家讲故事一样生动、活泼、清晰，才能吸引他人的注意。

在进行数据展示时，首先要明确你的观点，摆明观点，然后一步一步地印证你的观点，你的整个故事都是用数据来支撑的，你需要对每个数据都进行说明，即这些数据证明了什么，这是在展示数据时你需要重点去把握的内容。

在实际的工作过程中，你可以通过 PPT 来做数据展示。在展示引导的时候，标题只是次要的，你需要重点展示的是数据。你不妨把你的观点先放进每一页 PPT 的标题，标题下面放入数据和图表，这样在数据展示的过程中，别人也会一眼看出你想表达什么，数据的展示可以让对方更认可你的观点。关于数据展示的逻辑，你可以采用"金字塔原理"，内容都填充好了，怎么用数据来充分展示引导呢？我认为充分展示数据需要将数据可视化。

数据可视化是一种比较高级的数据呈现方法，在数据呈现中采用图像处理、计算机视觉及用户界面，以动画的形式把数据呈现出来，让数据更加直观、生动。与其他数据展示技术相比，数据可视化所呈现的数据范围更加广泛。

数据可视化可以用图表的方式来展示引导数据。说到数据可视化，你可能会想到"高大上"的图表，如果做不出这种"高大上"的图表就怀疑自己的能力水平。实际上，数据可视化最本质的目的就是利用数据把信息简化，并突出你的观点。

数据可视化就是把庞大的大数据进行归类、划分，让数据更加清晰，这样你才能从数据中获得有用的信息。数据可视化为什么这么有效，其最主要的原因是它能放松人们的心理。简单的信息能轻易降低人们的警惕性，让人更易接受这些信息。

例如，"柳暗花明"这样的词语就比"在困难中遇到转机"这样比较复杂的表达方式更具有说服力，如果你清楚了这一点，就很容易理解用数据展示要比用纯文字展示更直观的道理了。一篇全是文字的分析报告和一篇有文字、有数据分析图表的分析报告哪一个更加直观？毫无疑问，是用数据展示的分析报告。

在工作中，展示引导数据往往可以赢得更大的空间。因此，在平常的业务中，你需要多利用数据，用数据来证明你的产品、你的服务，为公司赢得更多的客户。

7.2.4 方案/报价数据

简单来说，方案/报价数据指的是在原招标文件数据基础上给出的报价。对投标人来说，如果投标文件不过关，就需要对投标文件进行合理的修改之后再报出价格数据。

例如，在投标文件中，如果你修改了其中不合理的地方，那就需要在文件中做出说明，报价数据也会做相应的调整。修改投标文件会吸引招标方的注意，只要修改的内容合理，招标方就会采纳。这样，方案报价法就大大提升了企业在竞争中的优势，也增加了中标的机会。通过这种方式，企业可以提升中标的概率，同时又减少一定的风险。

下面我举××公司网站策划方案报价的例子，供大家参考。表7-1是方案整体报价表，从这个表中我们可以看到每一项类目的价格数据。根据这些数据，我们来决定是否采用。

表7-1 方案整体报价表

	类目	数量/个	单价/元	总价/元	备注
设计	专业入口首页	1	2000	2000	首页精美设计，体现稳重、大气的风格，体现国际化理念
	二级风格设计	8	600	4800	每个二级栏目与首页设计风格相统一，效果整体
	客户支持				
	行业应用				
	合作伙伴				
	教育培训			每个频道下页面和整体网站风格相统一，效果简洁、美观、大方	
	市场活动				
	新闻中心				
	下载中心				
	关于我们				
主要产品	配套产品	数量/个	单价/元	总价/元	备注
产品管理发布系统	信息资源交换与管理平台	1	3500	3500	1.后台设置管理员维护界面，可对信息进行添加、删除和修改 2.数据库中信息后台可支持检索系统 3.产品信息可以动态管理 4.信息内容拟用 Word 文本编辑

（续）

主要产品	配套产品	数量/个	单价/元	总价/元	备注
产品管理发布系统	信息资源交换与管理平台	1	3500	3500	5.产品信息支持动态上传，对产品的插图数量根据前台显示要求有所限制，文字的后台排版灵活易用，并可动态修改产品图片 6.相应的内容，后台编辑后生成相应的页面，按既定位置显示于前台
新闻发布系统	无	1	2500	2500	可实现以 Web 方式更新页面指定区域的模块，主要用于网站新闻的更新
网站内部搜索	诚聘英才	1	1600	1600	根据提交的关键字搜索站内数据库或相应的网页
服务管理系统	无	1	1000	1000	1.后台设置管理员维护界面，可对信息进行添加、删除和修改 2.信息内容拟用 Word 文本编辑 3.招聘信息支持动态上传，文字的后台排版灵活易用 4.相应的内容，后台编辑后生成相应的页面，按既定位置显示于前台 5.前台页面设计为统一风格，表现形式统一 6.应聘人员可从前台直接提交个人简历，直接发送至后台人才数据库作为储备
流量管理系统	流量统计	免费			准确地统计网站访问量，浏览者的地域、IP 等
管理员系统	1.后台设置管理员权限，具体分为高级管理员、中级管理员、低级管理员 2.超级管理员管理整站所有信息				

总计：8600 元

网站设计项目	网站内容	单价/（元）
首页设计风格	网站首页设计风格一版	2000
栏目页面设计风格	网站栏目页设计风格五版	1500
内容页面设计风格	网站内容页面设计风格一版	3500
Flash 动画效果（10 秒以内）	网站主题横幅或网站顶端主图 Flash 动画效果一个（限于图片及文字变化效果）	500
Java 特效	Java 特效代码 10 个（可增强网站视觉冲击，吸引浏览者），如导航背景变色切换效果、鼠标跟随效果、图片滚动、日历和时钟等	500

网站设计项目	网站内容	单价/（元）
图片处理	100 张以内图片免费处理，但不包括图片创意设计、抠图、手绘等	0

总计：8000 元

注：网站可随功能的调整进行删减或增加，如有英文站点的需求，在风格统一的情况下，增加费用为整体网站总额的30%。

7.2.5 协商议价数据

在公司中，还有一项数据很重要，那就是协商议价数据。不管你是什么样的公司，在与其他公司或客户打交道时，需要协商价格，这是经营不可缺少的环节。在双方的协商过程中也会产生数据。根据这些数据，你可以了解产品的价格信息，在议价时，也有个大概的参考范围。那么，怎么与公司或客户协商议价呢？下面我举一个采购员议价的例子供大家参考。

采购员日常的工作就是采购议价，采购议价对于采购员来说既是重点也是难点。采购员如何议价来跟公司争取利益呢？采购议价不是死板的，这里面有许多技巧可以借鉴。

采购议价工作几乎是每个公司都有的项目。大到产品、机器，小到办公用品，都需要采购，当然也需要议价。但是，大多数刚进入公司的采购员对在采购中如何议价没有任何经验，更别谈协商议价数据了。这些采购员虽然努力地做好采购议价工作，但是总感觉不得其门而入。我认为主要的问题是没有掌握好采购议价的技巧。你只有掌握了正确的技巧，才能争取事半功倍的绩效。下面是我对采购议价技巧的总结，供大家参考。

（1）供应商是你的对立面　为什么供应商是你的对立面？因为供应商是你采购议价时的另一方，供应商会站在他的角度考虑问题。你需要注意的是：在采购议价时，供应商不是你的朋友，而是对立方。你不要轻易相信供应商跟你协商时，尤其是议价过程中给你的任何承诺。在没有以书面形式把议价数据定下来之前，任何承诺都是无效的。许多供应商在议价时，针对你提出的一切要求都满口答应，许的承诺让你满意不已。然而，在签合同时，供应商变脸就跟翻书一样迅速。因此，在议价时供应商是你的对立方，协商议价的数据以合同为准。

（2）供应商也是你的合作者　虽然你不应该相信供应商说的每一句话，

但是合作是有必要的。作为采购员，在议价时最主要的就是跟供应商谈判。如果你跟供应商的表面关系都没有维持好，那么你无法跟供应商顺利议价，双方也会产生不必要的隔阂。因此，你要清楚，供应商也是你的合作者，维持基本信任的关系还是需要的。

（3）第一次报价不要接受　第一次和供应商议价时，不要接受，要让供应商继续让价，这也为你提供了一个更好的交易机会。即使供应商的报价比你想象的要低，你也不能就洋洋得意，立马就接受报价。供应商给你很低的报价会让你放松警惕，然后找机会他们再找回差价。

如果你立马同意了议价，对你来说是非常不利的。你需要跟供应商多协商几次，多做沟通。这样，你才能从多次沟通中，了解供应商的弱点在哪里，才能找出应对的策略。

（4）调整正确的议价心理　我发现，很多公司的采购员在议价时都有恐惧害怕的心理，害怕自己谈的价格不能被老板接受，或者认为自己平时不善交际，在议价上处于被动地位。如果你在议价时有这种心态，很快就会陷入被动局面。在议价时，你需要拿出自信，用气势压倒对方。在议价前，只要做了充分的准备，无论你善不善于交际，都可以在议价中做得很好。

（5）坚持最低议价　坚持最低议价并不是要求供应商一直降价，而是在议价时双方都能接受的那个最低的点。你要实时地收集产品的价格信息。在选择供应商时，你不要选择过多的供应商。但是，在收集采购议价的数据时，你不能只限于这几个合作的供应商。了解供应商的信息越广泛越好。

在议价时你可以采用以下几个策略：

（1）欲擒故纵　如果在议价时，你觉得对方和你的势力不相上下，强硬议价肯定是不可取的，这个时候，你需要用智慧取胜。在议价时，即使你对对方的产品非常满意，也不要表现出强烈的购买欲望，要想办法遮住你的心理活动。如果对方发现你非常喜欢这款产品，这时你就会陷入被动局面，议价就变得比较困难了。这个时候，你最应该做的就是平复内心波动的情绪，用试探的语气询问对方的报价。如果你察觉出对方急于销售手中的产品，你可以要求更低的价格，此时对方在还能获取利益的前提下会答应你的议价要求。

一般情况下，如果你的报价太低，对方也没什么销售欲望，就不会答应你的议价；如果对方非常想销售产品，但是基本上没有利润，会要求你加价。如果对方的加价在你能接受的范围内，你可以立即同意。如果你并不是急需购买，决绝加价，对方也许会同意你的低价要求。

（2）差额均摊　如果你和对方议价的结果还存在一定差距，双方也都不让步，那么，交易必然会失败，对于双方来说，都是一种损失。因此，为了能达成交易，最好的方式就是采取差额均摊的方法。通俗地讲，就是把双方议价中的差额，都承担一半，这样，双方都会获得利益。

（3）迂回战术　如果在议价中你处于被动地位，直接议价必然不会让你从中占到利益，这个时候，你可以采取迂回战术。

例如，你从某个代理商那里订购了一批化妆品，后来发现价格竟然比别人贵了不少。因此，你找代理商说明情况，并和代理商进行了价格的比较。不料总代理也没有针对这件事给你做出合理的解释，也不愿意降价。你可以委托产品原产地的某贸易商，先行在该国购入该化妆品，再转运至你的手中。一般，代理的利润比较高，比起直接从原产地购买来说确实不划算，直接从原产地购买，虽然会有运费，但总的成本相对来说会更低。

7.2.6　客户成交数据

小新刚刚开了家公司，做的是体育产品零售，经营几个月后一直没什么起色。于是，他找了专业的诊断师对公司做了诊断。诊断师发现小新公司的客户成交数据不多，并且大部分都是无效的。诊断师告诉小新："客户的成交数据很重要，通过这些数据你可以看出你们公司的产品优势及热门产品。根据这些你还可以调整公司运营策略，从而帮助公司发展。"小新很快就明白了，但是怎么获得成交数据呢？那就需要你不断地开发新客户，这样你才能获得更多的成交数据。

一个公司想要发展的前提就是客户，客户充足了，公司的效益才能蒸蒸日上，客户的数量也决定着公司发展的规模，也是公司未来发展的潜力。如果公司善于跟客户打交道，那么，公司的发展也是积极的。公司如何获得客户资源呢？我认为有三个关键点：

1．在目标市场中寻找潜在客户

假如你的公司拥有成千上万的客户，面对这么多的客户，如果还采用最原始的客户开发方式的话，不仅会加大成本，也不会起到针对性的效果。因此，你可以这样做：

（1）确定目标市场　你需要根据公司的经营范围、公司定位和公司产品的用户特征来确定目标客户的行业范围和地区范围。

（2）收集客户信息　明确目标客户的范围以后，你可以通过新媒体渠道、网络渠道、传统媒介渠道来收集公司目标客户的信息，或者利用公司的老客户、朋友等推荐的方法来获得目标客户的信息。获得这些目标客户的资料之后，将这些信息都输入到公司的档案库中，在通过对这些客户的信息数据进行细分归类后，找出公司潜在的目标客户。

（3）利用大数据寻找潜在客户群体　通过以上的渠道获得的客户数据可能是几万甚至几十万条，如此庞大的信息数据量中，有些数据是有用的，但也有些数据是没有用的，如何从这些数据中找出有用的数据信息呢？这就需要利用先进的大数据技术把客户的数据进行归类分析，根据客户的属性、行业特征和客户特点等进行分类，然后利用数据筛选技术来找出跟公司的业务需求相匹配的客户信息，这些信息就可以作为公司的潜在客户信息，从而进一步开发成我们的客户资源。

2．让潜在客户变成你的真正客户

潜在客户并没有成为你的客户，你还需要做进一步的沟通。因为这些客户可能对你的公司并不了解，你需要让他们进一步了解你的公司。至于他们是否能成为你的真正客户，还需要你与他们进行有效的沟通。那么，怎样与客户做有效的沟通呢？我认为有以下几点：

（1）确定沟通的客户类型　沟通的第一步是你要弄清楚你在和哪类客户打交道。也就是说，要按照公司定位的需要，将经过上述筛选的客户进行再分类：他们哪些是潜在的大客户？潜在的大客户主要生产什么产品？这些潜在的客户都分布在什么地方？他们有什么特点？

（2）确定预期沟通目标　你在和潜在客户沟通时，如果只沟通一次就能完成你的目的，那当然很好，但是一次性成功的概率非常小。实际上，客户并不是一次就能搞定的，我们可能需要两次甚至多次才能搞定客户。有些难缠的客户，你可能费多少力气都搞不定。所以在沟通之前，你需要制订一个详细的沟通计划，确定预期的沟通目标，这样，在沟通时，你才不会慌乱，一切都在你的掌控之中。

换位思考是我们最常用的方法，假设我们是客户，我们在决定购买一个产品时一般会经历这样的步骤：了解产品、熟悉产品、接受产品、信任产品和购买产品。当然，你首先要让对方知道你是在介绍哪一个公司，并要慢慢让对方认识你的公司，让对方接受你的公司，这样，通过进一步的努力，对方才会对公司产生信任。

（3）制订沟通计划　如果你想要达到预期的沟通目标，你需要根据公司的定位和优势，再结合客户的需求来制订你的沟通计划。客户与客户之间都是不同的，每个客户都有自己的特点，所以，在和客户沟通前，你需要思考这个客户是什么样的客户，以及他的喜好有哪些等，了解这些之后，你就可以有针对性地制订沟通计划了。例如，有的客户比较理性，在选择产品时不会听销售员的"忽悠"就轻易地购买产品。对于这些客户，你在跟客户描述你的产品特点时，就需要站在客户的角度，把那些有益于客户的产品信息说出来，再结合公司的优势跟客户介绍你的产品，内容说到了客户的心里，客户也会产生共鸣，这样，客户就很容易接受公司的产品了。

（4）选择合适的沟通渠道　与客户沟通的渠道有很多。例如，你可以给客户发邮件、打电话，或者直接面对面的沟通，不管哪种沟通方式，你都要根据客户的生活习惯来决定。例如，有的客户喜欢上网，喜欢宅在家里，喜欢用邮件跟朋友来往，这时，你就可以选择用邮件和客户沟通。有些客户不喜欢在网上和别人沟通，喜欢面对面沟通的真实感，那么，针对这些客户，你就需要面对面沟通了。总之，客户的喜好是关键，满足了客户的喜好，拿下订单也就顺利了。

在跟客户沟通时，你还要注意沟通过程的连贯性。不能突然因为有事就打断整个沟通过程，这样，也会给客户留下不好的印象。在沟通内容上，要注意内容的逻辑性，把你想要重点跟客户说明的信息突出出来。例如，公司产品的优势、产品对客户的意义和价值等这些内容都是需要重点去跟客户沟通的。

3．将潜在客户转化为现实客户

与潜在客户进行沟通的最终目的就是将这些潜在的客户变成公司真正的客户。怎么实现这一步呢？你需要提前制定规划，考虑在沟通过程中采取什么样的手段来取得客户的信任，把潜在的客户变成公司真正的客户。我认为，你必须做好以下几点：

（1）重视客户的需求　很多公司都知道，客户的需求是产品营销的关键，只有你的产品是客户所需要的，客户才会购买。所以，你必须从客户的需求出发，强调产品的特点和品质与客户需求的相符性，只有这样，这些潜在的客户才会认可你的产品。否则，不管你的产品品质有多好，客户不需要，你的产品对于客户而言还是没有任何价值，客户也不会购买。所以，你在与客户的沟通中，一定要充分了解客户的需求，然后根据客户的需求来制定产品的营销策略。

（2）有效传播公司产品信息　由于潜在的客户数量非常多，你要想了解所有客户的信息几乎是不可能的，你只能尽量掌握与你接触的客户信息，但这就导致了信息闭塞。毕竟，与你接触的客户还是少数的，你的传播信息的范围也是比较狭窄的。所以，你需要扩大信息传播的范围，这就需要你通过多个渠道、多个途径、多种方法来传播产品的信息，让更多的潜在客户了解公司的产品，这也是把潜在客户变成真正客户的过程。

（3）重视与客户的每次沟通　与客户沟通一般会有两种方式：面对面沟通和网上沟通。对于不同的客户，你可以选择不同的沟通通道。如果客户属于喜欢在网上沟通的类型，你就要了解客户所使用的媒体类型，如微信、微博、论坛和博客等，然后根据客户的沟通习惯来选择合适的沟通方式。如果客户喜欢面对面沟通，你就要选择客户喜欢的地点、时间和方式，满足客户的喜好，这样，才能强化你的沟通。

不管你采取面对面沟通还是网上沟通，你需要注意两点：一定要根据客户的沟通习惯和喜好来决定你的沟通方式。在沟通中，一定要抓住问题的关键点，突出亮点和重点。

通过这些步骤你可以帮助公司赢得更多的客户，公司与客户的成交记录就形成了大量的客户成交数据，利用这些数据，你就可以做进一步的分析，为公司的未来发展提供方向。

第 8 章 三言两语，看财务数据

　　李老板为公司招了一个财务人员小张，但是小张的专业水平让李老板很不满。李老板在最初招聘时被小张的口才所吸引，所以招聘了他。等小张工作一个月后，专业水平就露馅了。李老板把公司近一个月的财务数据给了小张，让小张分析。几天过去了，小张还是没有分析出来，李老板细问才发现，小张不会看财务数据，更别说做分析了，李老板立马辞退了小张。

　　看财务数据是公司必需的工作内容，不仅是财务人员，作为老板，也必须会看财务数据，那么怎么看财务数据呢？下面跟大家分享一下我的经验。

8.1　怎么看财务数据表

　　常见的财务数据表有资产负债表、利润表、现金流量表、所有者权益变动表等。通过分析这些表格中的数据可以看出公司的经营状况，从而及时调整经营策略，保证公司的健康发展。

8.1.1　财经指示器，看透资产负债表

　　无论你是公司的老板还是公司的管理层，都必须会看公司的财务报表。一份真实的财务报表可以反映出公司的经营状况，对于公司今后的运营方向，对你的经营决策都有着非常重要的作用。

　　怎么看资产负债表？要看懂资产负债表，首先得知道资产负债表的结构以及组成部分。大多数的资产负债表格式如表 8-1 所示。最左边一栏是公司的资产情况，右边一栏是负债和所有者权益，这两者共同构成资产负债表。

例如，你从银行贷了 10 万元，买了一批产品，之后又卖了 11 万元。那么资产负债表上的资产就是 11 万元，负债是 10 万元，所有者权益就是 1 万元（11-10）。

表 8-1　资产负债表　　　　　　　　　　　　　　　　单位：元

资　　产	年　初　数	年　末　数	负债和所有者权益	年初数	年末数
流动资产			流动负债		
货币资金	67500	57200	短期借款	20000	23600
应收账款	73500		应付账款	22500	22600
存货	63000	138200	应交税费	5500	16500
其他流动资产	26000	29500	流动负债合计	48000	62700
流动资产合计	230000	224900	长期借款	180000	350000
固定资产	385000	502800	所有者权益		
			实收资本	315000	315000
			盈余公积	72000	
资产总计	615000	727700	负债和所有者权益总计	615000	727700

从资产负债表我们可以看出公司的资金状况和财务风险，如果公司在银行中的存款以及公司的现金都比较少的话，就说明公司的现金流是存在问题的。如果公司的负债与资产的比例比较高，就说明公司整体的财务风险比较高，甚至还会出现资产比负债少的情况。

通过资产负债表还可以判断公司的经营情况，如果公司存货太多，资产不多，这两者的比例过高，则说明公司的整体经营状况是不太好的。如果公司赊出去的账太多，则说明公司在资金回笼上也存在一定的问题。

通过几个比率，你可以分析公司的资金结构、资产结构、偿债能力等。例如，资产负债率能反映公司是否有偿债能力。流动资产构成比率就是流动资产合计和资产总计的比例，流动资产构成比能反映公司整体的经营是不是稳定、有没有收益。

8.1.2　公司经营成果反光镜，读懂利润表

利润表可以反映一个公司是处于盈利还是亏本状态。利润一般是公司的收入减去所有的开支费用。由这三项就能构成公司的利润表。在利润表中你要体现营业收入、营业成本、税金及附加、销售费用、管理费用、财务费

用、资产减值损失、投资收益、营业利润、利润总额、净利润等项目。某公司的利润表，如表 8-2 所示。

表 8-2　利润表　　　　　　　　　　　　　　　　　　　单位：元

报告日期	2007 年 12 月 31 日
一、营业收入	8418351100
减：营业成本	7766902800
税金及附加	7802436
销售费用	135291952
管理费用	195262800
账务费用	51978232
资产减值损失	21251790
加：公允价值变动收益	
投资收益	46382.06
其中：对联营企业和合营企业的投资收益	
二、营业利润	239907472.06
加：营业外收入	10182265
减：营业外支出	2069858.50
三、利润总额	248019878.56
减：所得税费用	42009228
四、净利润	206010650.56
五、每股收益	0.122
（一）基本每股收益	0.122
（二）稀释每股收益	0.122

营业收入就是你的公司一天内销售了多少产品，营业额是多少。用产品的单价乘以数量计算出营业收入。用公式表示就是：

营业收入=产品单价×销售数量

公司的营业收入不包括营业成本、税金及附加、销售费用、财务费用及管理费用、资产减值损失、投资收益等。

1．营业成本

营业成本等于材料费、人工费用和制造费用的总和。一般情况下，对于生产型公司来说，材料费、人工费用和制造费用基本保持不变。而其他类型的公司，如流通型公司的材料费就是购货价格，人工费用是公司操作工人的费用。服务型公司的人工费用是一线员工的各种费用；制造费用是在产品制作过程中所产生的费用，二线辅助人员的工资、车间的照明、清洁、保洁等都属于制造费用。

2．税金及附加

税金及附加主要包括消费税、城市维护建设税、资源税和教育费附加等相关费用。

消费税有特定的征收范围，如烟、酒、化妆品等企业就必须缴纳消费税。通常情况下，需要缴纳消费税的行业有五类：

第一类，经营一些过度消费会对人类健康、社会秩序、生态环境等方面造成危害的特殊消费品行业，如经营烟、酒、鞭炮、焰火等产品的企业。

第二类，奢侈品、非生活必需品行业，如经营金银珠宝的企业。

第三类，高能耗及高档消费品行业，如经营汽车销售的企业。

第四类，不可再生和替代的石油类消费品行业，如石油公司等。

第五类，对国家的财政具有一定的意义，如经营护肤护发产品的企业。

3．毛利率

营业收入与营业成本之间的差额是毛利，毛利与营业收入的百分比就是毛利率，用公式表示就是：

毛利率=毛利/营业收入×100%=(营业收入−营业成本)/营业收入×100%

毛利率是非常关键的指标，其重要性主要表现在以下两方面：

一方面，一个行业能否获得长远的发展跟毛利率有很大的关系。通过毛利率可以预测行业未来发展的趋势。如果一个公司的毛利率非常低，则说明公司的资金是比较少的，没有资金就无法做好产品的营销，产品推广也会受限，长久下去，公司的发展就会出现问题。

另一方面，毛利率相对净利润率来说更加准确。公司的净利润率通过投资收益、营业外收入或支出等都可以调整，毛利率涉及的项目比较少，一般很难调整。毛利率和净利润率之间也不是正相关关系，如果公司的费用使用不当就会出现毛利率高净利润率低的情况。

毛利率是一个行业的晴雨表，一般毛利率的变化趋势是从高到低然后逐渐减少。如果这个行业的企业比较少，毛利率相对就比较高。如果这个行业的企业越来越多，就会产生激烈的竞争，出现价格战。而产品成本本身不会发生多大的变化，销售的价格却一直在下降，就会导致毛利率的降低。

4．财务费用

财务费用指的是企业为筹集生产经营所需资金等而发生的费用，包括利息支出、汇兑损失和相关手续费等。

5．管理费用

公司有很多费用，如果你不知道该归于哪一类，就可以直接归到管理费用。管理费用具有很广的范围，能够容下公司所有费用。

6．销售费用

销售费用包括销售人员的工资、提成、差旅费、车费，做广告、做活动的费用等。

你在解读利润表时，不仅要看这三种费用与销售收入之间的关系，还要了解这三项费用在销售收入中占了多少，比例是否发生了变化。然后根据计算的结果，分析公司的成本费用所占的比例。不同行业的成本费用是不一样的，例如，保健品行业的成本费用就比较低，毛利率和净利润率都非常大。中介机构的成本费用就比较大，所以毛利率非常低。

在解读利润表时，需要重点关注成本费用的比例跟你们公司的实际情况是否相符，在成本费用中，哪一项费用占的比例最大，哪一项费用会影响公司的成本变化。根据变化的情况找到发生变化的原因，然后做相应的策略调整。发现异常情况，应及时处理，否则，就会影响到公司的发展。

如何更好地解读利润表呢？最重要的是你要时刻注意成本结构的变化，一旦出现改变，就要做出反应，及时调整。你一定要学会积累数据，并通过分析积累的数据来判断公司未来的发展趋势。

8.1.3 现金流量表，公司生存状态报警器

现金流量表中通常有三个部分：经营活动产生的现金流量、投资活动产生的现金流量以及融资活动产生的现金流量，下面具体说说这三个部分。

1．经营活动产生的现金流量

公司的现金是从公司日常经营活动中获得的，如果公司的现金增加就说明公司的经营状况比较好。如果公司的现金减少，就说明公司是亏损的，你需要调整经营策略。

2．投资活动产生的现金流量

公司并不是日常的经营中有现金就可以了。公司的运营不仅包括日常的经营，还包括一定的投资活动。例如，在厂房上投资、在机器设备上投资或者成立公司的子公司等，这些方式都是一种投资，投资就需要资金的支持，虽然投资过程中，可能也有回报，但基本上数量是不会很大的。

3．融资活动产生的现金流量

如果公司经营活动产生的现金比公司投出去的现金要少，那你的公司基本上就处于没钱的状态了，在这种情况下，融资成为解决资金短缺的最佳方式，而怎么融资也是你需要考虑的。

公司是否盈利并不是看利润表上的税后净利润就可以了。可能有些公司虽然账面上有税后净利润，但如果运营过程中的现金流量是负数，则公司的经营还是存在一定问题的。如果公司经营活动现金流量连续多年都是赤字，则说明你的公司已经不在收益状态了，在经营的过程中，并没有获得效益，公司的运营肯定存在一定的问题。如果公司的现金流量每年都是负数，则说明你的公司一直处在亏损的状态。

如果你发现公司的净利润数值或者现金流量是巨额的赤字，则说明公司的整体经营状况不好。公司的经营状况只看利润表也许看不出问题，但是通过现金流量表就很容易发现公司的经营问题。

公司经营活动的现金净流量是正数也不代表公司的经营状况非常好。如果你在运营中投入的资金不够生产产品，那么公司的现金流量还是存在问题

的。例如，一个有消费癖的高收入者，虽然年收入过百万元，可是却月月都把卡刷爆，即使收入再高，卡里、兜里也总是没钱的。

8.2 表格的附注

附注是表格后附加的解释和说明。表格的附注是对表格中数据附加的解释和说明，附注只是附加的，在对表格进行分析时，主要看的还是表格中的数据，附注仅用于在你不了解数据时提供参考。先看表格中的数据，如果对数据有疑问，再看附注。根据附注，你可以了解更多信息。

8.2.1 股权结构变动，看所有者权益变动表

所有者权益变动表相比资产负债表、利润表、现金流量表来说，并不是特别重要。因为所有者权益变动表只作为资产负债表中权益类会计科目的一个附注存在，并且所有者权益变动表中的内容，是将年报中各个分散的部分归结到一起形成一张表，通过这张表，投资者能够清晰地看出在过去一年中所有者权益的变化情况。一般来说，通过所有者权益变动表可以看出以下两方面内容：

1．所有者权益类会计科目本金与收益的分类情况

在资产负债表中净资产被细分为实收资本、资本公积、盈余公积和未分配利润等几项数据。公司拥有的除去成本的实际财产才是公司的净资产。把净资产细分是为了让投资者更加清楚明了哪些是公司自己投进去的钱，哪些是公司用投资赚来的钱。通俗地来讲，把净资产细分就是为了区分本金和收益，本金指的是实收资本和资本公积，收益指的是盈余公积和未分配利润。

2．实收资本和资本公积

公司的股本就是公司的实收资本。在计算每股的净资产时，实收资本是作为分母的。

公司在认购股票时会形成溢价，这部分就是资本公积。公司实际支付时的金额超过股票面值的部分也是资本公积。一般来说，如果某只股票的面值是 1 元，发行价格是每股 20 元，共发行 1000 万股，那么公司共获得资金 2 亿元，公司在入账的时候，将其中的 1000 万元计入实收资本，将另外的 1.9 亿元计入资本公积，准确地说，是计入资本公积中的股本溢价部分。

8.2.2　见微知著，财务报表的附注

我认为，财务报表的附注包括公司的基本情况、存货跌价准备的计提、税项等。

1．公司的基本情况

公司的基本情况在报表上并不是主要信息，通常是不被关注的内容。如果你第一次看公司的报表，不会先看附注。你看完报表之后，如果有疑问，才会去看附注。例如，××公司的主营范围是从事出版、发行、印刷、印刷物资供应、报纸网络新媒体、数字出版及金融服务等主营业务，关键词是出版传媒行业。

2．存货跌价准备的计提

一般情况下，公司会按照单个存货项目计提存货跌价准备。例如，公司将某一型号和规格的产品作为一个存货项目或者将某一品牌和规格的产品作为一个存货项目等。

数量比较多、单价比较低的存货，一般可以按照存货类别来计提存货跌价准备。也就是按存货类别把成本的总额与可变现净值的总额进行比较，把每个存货类别中数额比较低的作为存货期末价值。

3．税项

每个公司都要交税，至于交多少，要根据国家的税法来决定。近几年，国家出台了许多税收优惠政策，这些政策体现了政府对初创企业的扶持力度，有利于公司的发展。

第9章 一切的经营问题，终会指向现金流

公司到底有没有收益，现金流更能说明问题。我遇到了不少有利润却没钱的公司，因而公司就会借钱缴纳税款。通过权责发生制明确的利润指标不能精准反映公司的收益问题，相对来说，现金流更容易看出公司的真实收益。通过现金流来明确公司的利润指标，可以让投资人清晰地认识公司的真实财务状况。所以，考察公司经营活动的现金流情况可以较好地评判公司的盈利质量，确定公司的真实价值。

9.1 初创公司怎么解决资金问题

初创公司在经营初期都会遇到资金短缺的问题，在遇到这个问题时，人们会想方设法地去筹集资金，通常会采用融资的方式来解决，融资也是解决资金短缺最重要的途径来源。

9.1.1 不是你不努力，是应收账款解决不了眼下的渴

面对日益激烈的市场竞争，安全、有效地管理应收账款是公司在发展过程中必备的条件。怎样管理应收账款，你可以这样做（见图9-1）：

在销售合同中明确各项条款

财务定期对账

提高产品有效铺货率

最大限度地避免赊销、代销

重视销售人员的激励政策

给经销商建立信用档案

图 9-1 管理应收账款方法

1．在销售合同中明确各项条款

在同经销商签署合同过程中，要避免在应收账款上与经销商产生分歧，要注意以下几点：

（1）要清晰地注明双方的交易条件，如价格、打款时间、打款方式及不可抗力等。

（2）注明双方应有的权利和承担的违约责任。

（3）合同续签期限，待合同结束后双方协商再行签订。

（4）加盖公章、合同专用章，私章或签字等行为不具有法律意义。

2．财务定期对账

财务定期对账是对公司和经销商双方负责，同经销商核对账目的频率以季度为阶段最佳，要避免金额和票据等方面的误差，公司应重视以下几点：

（1）品类规格较多的产品。

（2）不同产品的回款截止日期，不同的经营条件使得同种产品有不同的回款截止日期。

（3）有需要退货、调货和换货的产品。

（4）客户不能够按对账单对账回款。

（5）拒绝客户以合同规定外的方式垫支款项，如用返利商品、过期商品货款、推广活动费用和终端费用等。

财务定期对账能有效地规避公司未来发展中可能遇到的账目和票据问题，避免假账、死账和烂账带来的管理困难，防止拉大双方财务差距，财务对账完成之后要加盖财务（对账）专用章，使其具有合法意义。

3．提高产品有效铺货率

产品铺货率是提高消费者购买产品的有效手段，可以大大增加产品的被购买概率，但同时也面临着经营风险和所投入资金的风险。如果单单为了降低经营、资金等风险而一味地把铺货率降低，非但无法达到预计销售目标，还会丧失已占据的经营市场。因此，将铺货率稳定在一个合适的范围内是非常重要的。可以在不同阶段，依据不同的市场需求、公司的经营策略和广告投放的力度来确定相应的产品铺货率，争取做到资源利用最大化。

4. 最大限度地避免赊销、代销

在前期占领产品市场的工作中，可能会出现赊销、代销这种销售环节，表面上提高了销售业绩，实际上这种销售模式很容易产生拖欠款等回款问题，继而引发一系列的死账和烂账现象。因此要制定相应的赊代销款管理制度，严格管控经销商回款日期，通过法律文书来确保回款安全。同时也要展开购销，现款现货政策的推广，并对信用良好的经销商进行奖励。

5. 重视销售人员的激励政策

在销售政策的制定过程中，销售人员个人的业绩考核不仅和销售、回款对应，还要跟应收账款的绩效考核相关联，并制定出相应的管理文件，要做到赏罚分明，从而将收账款控制在一个安全的范围内。

6. 给经销商建立信用档案

在实际销售过程中，赊销、代销很难彻底避免。应为经销商建立一个信用档案，依据他的经营能力、还款能力等条件展开一个信用评级，以半年为周期对其进行一个全方位测评。对于信用良好的经销商，可以给予相应放宽的赊销和代销额度；相反，对于那些信用一般或较差的经销商，可以根据具体情况提出其他销售方案。

9.1.2 初创公司的融资渠道

作为刚成立的公司，你不仅需要人力支持，还需要资金支持。如果初创公司想要发展到一定的规模，就更需要资金，那么初创公司融资方式又有哪些呢？具体如图 9-2 所示。

1. 内部融资

公司创立之初，内部融资是一种很常见的融资渠道。一般是指将公司创始人自己的资产作为投资的行为。内部融资成本虽低，但是可调控金额小，风险大，常见于公司创立初期。

对于内部融资的公司，一旦公司出现资金短缺，将无法靠内部融资继续维持，债务、信用等问题也会接踵而来，更甚至于走向破产。而且在未来公司高速发展过程中，无法最大限度地分配有限资金，这也将是企业扩张和发展面临的最大问题。

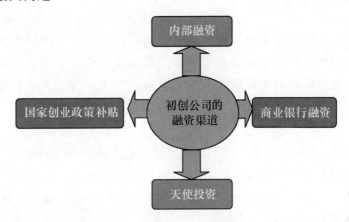

图 9-2　初创公司的融资渠道

2．商业银行融资

顾名思义，商业银行融资就是向商业银行贷款，它成本低、放贷快，所以也是最常见的公司融资选择方式。银行比较看重公司发展和公司信誉，在公司创立初期因为规模小、资金少等问题，银行通常不会轻易放贷。在现有国家政策鼓励下，诞生了很多创业公司，银行贷款业务增加的同时也面临着不小的风险。

创业公司初期由于规模小、系统不完善，银行依据有限的公司信息无法判断向公司贷款的风险，银行在向创业初期公司贷款过程投入的成本并不低于一笔上亿元的业务。而潜在的投资风险无法保证，这也是银行更乐意选择放贷给大公司的原因之一。即使贷到款，银行也会对创业初期公司有所限制，如放贷比例较小、收费高等问题。

3．天使投资

很多公司在创业初期会把天使投资作为自己的第一选择，因为它所附加的条件相对较少。天使投资人可能作为公司决策的参与者，也会要求了解公司的投资计划，他们通过公司的投资计划来决定是否参与投资，所以找对自己公司项目感兴趣的天使投资人很重要。例如，想创立一家零售批发公司，就要寻找对这个领域感兴趣的天使投资人，这样才能提高融资的成功率。

4．国家创业政策补贴

国家近些年加大了大学生创业的扶持力度，提供了对应的大学生创业贷款，各级政府也纷纷出台政策以对大学生创业展开支持。例如，让大学生进行有关创业的参观培训，并进行指导，以及国家推出贷款优惠政策，来鼓励大学生创业。

李明是一个应届毕业生，在校时他就想通过创业来实现自己的人生理想，毕业回到老家后他就开始了自己的创业之路，可在资金问题上犯了愁，他向当地政府部门寻求帮助了解到：国家对毕业两年内创业的大学生有贷款项目，注册资金小于五十万元的可以分期还款，第一次还款金额不低于注册金额的十分之一。在十二个月内注册金额追加到二分之一，剩余金额可以分三年付完。除此之外，经营品类属于服务类和信息类的公司，经过国家审批通过后，可以在两年之内免征税；如果是交通运输和快递邮寄的公司，经国家审批通过后，可以在一年内免征税，第二年税收减半；经营娱乐餐饮、文化办公、对外贸易、旅游、物资、仓储、卫生和物流类的公司，经国家审批通过，可在一年内免征公司所得税。了解这些后，李明不禁感慨，国家在支持大学生创业方面真是下了很大功夫，自己定要抓住机遇大展宏图。

9.2　怎么利用数据融资

传统的融资方式可能无法更快地筹集到资金，为了更快拿到资金，利用大数据便是可以选择的最佳方式，通过清晰的数据分析公司的前景，从而打动投资人，获得更多的资金。

9.2.1　玩转数据，用数据打动投资人

初创公司在创立初期最需要资金的支持，那么怎么让投资人愉快地给你

投资呢？处在大数据的时代，任何地方都需要大数据，用数据打动投资人也是一种好办法。

小张想要成立一家家居公司，于是就四处找投资人给他的公司投资。说起与投资人沟通的过程，小张表示也并不是一帆风顺的："刚开始接触投资人的时候，人家一听说我是做家居的，都以为我做的是传统家居买卖，接触了 30 多个投资人，他们都表示不感兴趣。于是我参加了当地的投资发展沙龙，现场的投资人就给我提了很多建议。他跟我说家居这个传统行业可以做，但是要抓住市场，并且要与互联网的结合更加深入，投资人才会更感兴趣。"

投资人的建议给了小张很大的启发。现在人们在忙碌的生活中都更希望有一个更舒适的休息环境，所以小张有针对性地开创了家居休闲系列。同时也针对不同的人群研发不同产品。例如，儿童系列、孕妇系列、男人系列和女人系列等，还有专门针对癌症病人的调理产品，而且小张更加重视线上的规划。小张对项目进行调整之后，吸引了投资人的关注。后面接触的投资人都对小张这个项目比较认可，比较感兴趣。

在与投资人沟通的过程中，小张认为最重要的是"用数据说话"，他把中国人对家居的消费能力、市场规模、进出口率及他这个项目的目标市场、回报率和布局等这些数据给投资人看，他们都非常认同小张这个项目的前景。

所以，在寻找投资人之前，你一定要针对公司的产品搜集一些市场数据，做一些市场调查。用数据来展示公司产品的潜力，只有这样，才能吸引投资人的注意。

9.2.2 如何做一份数据型商业计划书

张先生在写商业计划书时，喜欢在计划书中加入大量的数据，形成数据型商业计划书，这也让张先生的商业计划书得到了很多认可和好评。那么，怎样写好数据型的商业计划书呢？优秀的数据型商业计划书需要注意以下几点：

1. 好的数据商业计划书具备的内容

（1）执行摘要。摘要部分一般占据两页纸左右，差不多控制在 6～8 个自然段就可以。

（2）公司的愿景、使命及公司简介需要写上去。

（3）管理团队。一般需要写管理团队所具有的优势，有哪些项目背景，以及这个团队给公司做了什么样的贡献等。

（4）产品及服务。需要介绍公司的产品主要面向的客户类型，目前有哪些重要客户（列举最典型的客户案例）。

（5）商业模式。需要介绍公司在整个商业环境中处于什么样的位置，重要的合作伙伴有哪些，以及公司的竞争力如何，这些都可以用数据来展示。

（6）财务分析。不要预算未来好几年公司会挣多少钱，而是列举公司未来一年或半年的预算，这样比较真实。

2．换位思考，以投资人的思路看计划书

想要做一份好的商业计划书，你需要以投资人的角度来分析。在计划书中，要体现公司产品的价值和服务，以及产品的市场和盈利模式等。

3．你需要清晰和简洁的数据商业计划书

（1）清晰。投资人更喜欢看有逻辑性，对于公司的定位及产品的定位都比较清晰，并且展现出公司及产品优势所在的商业计划书。

（2）简洁。商业计划书的内容一定要简洁，整个内容控制在 12 页以内，用 1 个故事、1 句话概括要点，其余全部用数据来支撑。想要激发投资人的兴趣，一定要图文并茂，场景结合，呈现投资人最关注的要点内容。

4．写商业计划书需要注意的问题

很多人认为，商业计划书是吸引投资人投资的一种工具。商业计划书可以说是一种业务说明，在计划书中，你要清晰地说明公司的产品及服务，以及商业模式等。在写作的过程中，也要严格按照计划书的正确格式和提纲来写。

对于投资人来说，他们看过几千份甚至上万份的商业计划书，对商业计划书中的内容也能预测出公司是否可以赚钱。所以，在写的过程中，不要包含夸大其词的数据，很多数据都是投资人比较熟悉的，如果你夸大了，你的公司就会给投资人留下不好的印象。有些创业者认为自己做的东西一定要独一无二，要最具个性，但是如果你不了解这个行业就写，写出的商业计划书也是没有任何价值的。所以，在写商业计划书之前，一定要做好市场调查，获取最真实的数据。

9.2.3　小微公司如何向银行贷款

小微公司如何向银行贷款？李老板和其妻子创业两年，主要从事家装行业，目前刚刚接到一笔利润很高的订单，由于需要提前垫付货款，李老板手里的资金一下子紧张起来。他想到了银行。可是，很多银行给他的答复是其公司营业额度不高且又处于起步发展时期，属于典型的小微公司，不具备贷款能力。

后来，在朋友的介绍下，他来到了某地的××银行。针对他贷款周期不长，资金回笼较快，该行客户经理向他推荐了信用卡。

像李老板这样的小微公司主在面对突如其来、利润极高的大笔订单时，往往会因为缺少资金、借贷无门而错过时机。因此，小微公司在向银行寻求贷款帮助时应注意以下几点，如图 9-3 所示。

图 9-3　小微公司向银行贷款时的注意事项

1. 选择"对口"的银行

整体的小微公司在业务上可能成本比较高、风险也比较大，所以很多银行不愿意贷款给小微公司。但是，有一些特色银行，还是愿意且乐于贷款给小微公司的，通过个性化的服务来帮助小微公司发展。例如，案例中的××银行就贷款给了李老板。

2. 选择"对味"的贷款产品

由于小微公司一般都处于刚起步的阶段，整体的经营不太稳定，也随时面临破产的危险。一般规模比较大的银行由于流程比较正规，条件也比较严格，所以这些小微公司就不符合贷款要求。如果小微公司急需贷款，就一定要选择灵活度比较高、办理时间比较短的贷款方式，如信用卡、蚂蚁借呗等。

3．长期合作

如果有银行愿意接受你的贷款申请，银行一般会对公司的经营状况、资产负债和发展潜力等各个方面展开详细的调查，在充分掌握了公司情况以后，对公司进行测评，确定其符合要求，银行才会放贷。如果银行贷款给你，你可以与这家银行进行长期合作，这样，由于银行对你的公司情况比较了解，再次贷款时，也省去了调查的过程，这对于你来说，也能节省不少时间。

9.2.4 房产或汽车抵押贷款怎样贷

在以前，如果你着急用钱，首先会想到向亲戚朋友借钱。现在，除了向亲戚朋友借钱，你可能还会选择贷款的方式，尤其是需要的资金比较多的时候，你会首先选择抵押贷款。抵押贷款最主要的两种形式是房产抵押和车辆抵押贷款。但有很多人不清楚房产抵押或汽车抵押怎么贷款，如何去选择这两种方式。

房产抵押贷款就是把你自己拥有的物业包括住宅、写字楼、商铺和厂房等抵押给金融机构或贷款公司，用来保证公司的日常开支并每个月按利息还款。汽车抵押贷款是把你的车辆作为抵押物向金融机构或汽车消费贷款公司取得贷款。那么，这两种方式有什么区别呢？

1．两者的贷款机构不同

车辆抵押贷款：银行在放贷过程中，一般不会考虑车辆抵押贷款，因为汽车贬值快且寿命短，这无疑给银行贷款增加很大风险。能够接受汽车抵押贷款的多为民间信贷机构，他们多向小企业的创业者提供短期信贷服务。

房产抵押贷款：银行、民间信贷机构和典当行等都有房产抵押贷款。甚至还有信贷公司以把借款人房产放在放贷人名下的方式发放贷款，借款人从放贷人处得到贷款资金，如果不能如期还贷，该处房产将归于放贷人名下。而信贷公司负责借贷风评级管理和相关的法律诉讼。

2．贷款额度不同

车辆抵押贷款：车辆抵押贷款经审批通过，贷款金额最多可达车辆估值的 90%，如果个人信贷资质良好，还可以提升贷款额度至达抵押车辆估值的 150%。

房产抵押贷款额度因房产类型不同分为下列几种：个人商品房抵押贷款额度最高不超过房产估值的 70%，商业用房抵押贷款额度最高不超过房产估值的 60%，厂房抵押贷款最高金额则为房产估值的 50%。

3．贷款期限

车辆抵押贷款最长为 5 年。

房产抵押贷款分两种：新房抵押贷款期限最长不超过 30 年；二手房抵押贷款不超过 20 年。

4．贷款利率

车辆抵押贷款利率较高，适用于短周期贷款。但最高利率不得高于同期现行基准利率的 4 倍。

房产抵押贷款利率相对而言较低，适合长周期贷款，具体利率还需以当地政策标准为主。

9.2.5 担保贷款怎样贷

天上没有掉馅饼的事，对于担保贷款同样如此。如果你想要贷款，你需要付出一定的东西抵押，来保证你能够及时还清贷款，这也是银行把资金借给贷款人的保证。一般情况下，你可以通过抵押的方式贷款，至于抵押什么，根据你的实际情况来决定。你能够抵押贷款的东西越值钱，能拿到的贷款就越多。那么，什么可以用来抵押呢？

1．土地抵押

在我国，土地所有权不归属个人，归属国家所有。个人只有使用土地的权利。根据《中华人民共和国物权法》（以下简称《物权法》）第一百八十条第（二）、（三）款规定，建设用地使用权及通过招标、拍卖、公开协商等方式取得的荒地等土地承包经营权都可以用来贷款抵押。如果你已经在银行或其他贷款机构把土地抵押了出去，有"净值余额"，理论上也可以用来做担保。

2．汽车、机械设备等动产抵押

根据《物权法》第一百八十条第（四）至第（七）款规定，生产设备、原材料、半成品、产品，正在建造的建筑物、船舶、航空器，交通运输工具，以及法律、行政法规未禁止抵押的其他财产，均可以用于抵押。也就是说，如果你有汽车、机械设备等，你就可以用来抵押贷款。

通常，动产是既能抵押又能质押的。建议最好还是以抵押的方式贷款，这样你的车子还能使用，机械设备也能用，不影响你的正常生活和经营。

3．动产质押

根据《中华人民共和国担保法》（以下简称《担保法》）第六十三条规定，所谓质押，是指债务人或者第三人将其动产移交债权人占有，将该动产作为债权的担保。质押担保是要把担保财产交付给放贷人的。据《担保法》和《物权法》规定，质权又分为动产质权和权利质权。

关于动产的质押，《物权法》第二百零九条规定：法律、行政法规禁止转让的动产不得出质。也就是说，法律没有规定禁止转让的动产，是可以质押的。因此，车辆和车间生产设备等都是可以质押担保的。但是质押物品必须交到放贷人手中，这无疑影响了物品的日常使用需要。因此，借款人一般不会选择这种担保贷款方式。

4．权利性财产质押

权利性财产的范围比较广。能当作权利性财产质押的有常见的股权、基金份额、应收账款，以及商标专用权、专利权和著作权等知识产权等。如果你有这些财产，可以用于担保的质押贷款。权利性财产一般是无形的，因此，质押也不会影响它的使用。

5．担保公司提供担保

担保公司是独立的第三方机构，也可以为贷款人提供担保。因此，初创公司在贷款时，可以考虑担保公司作为借款担保。如果你想要担保公司担保贷款的话，担保公司会收取担保费，或者将你的一部分贷款扣留作为保证金，这客观上加重了贷款人的经济负担。

6．亲朋好友提供担保

亲朋好友可以无偿给你提供担保。因此，如果你想贷款，这是非常有利的。如果担保人属于社会成功人士，那么你的贷款概率会高很多。

7．以自己的职业提供"担保"

如果你想要贷款，可以用自己的职业来做担保。例如，如果你的职业是医生、公务员和老师等稳定性高的职业，都能以职业来作为担保。这三类职业的从业人群素质较高，欠钱跑路的概率很低。因此，如果你从事这些职业，贷到款的概率会很高。

8．自身信用提供"担保"

如果你在银行的信用比较好，相比信用不好的人来说，更容易得到贷款。怎么证明你的信誉良好呢？银行提供的你的信用报告就是你信用最好的证明。在贷款之前，你可以提前到银行打印信用报告，了解自己的信用记录。